모든것의
시작

제 1 계 명

모든 것의 시작
제1계명

© 생명의말씀사 2020

2020년 1월 6일 1판 1쇄 발행

펴낸이 ｜ 김재권
펴낸곳 ｜ 생명의말씀사

등록 ｜ 1962. 1. 10. No.300-1962-1
주소 ｜ 서울시 종로구 경희궁1길 5-9(03176)
전화 ｜ 02)738-6555(본사) · 02)3159-7979(영업)
팩스 ｜ 02)739-3824(본사) · 080-022-8585(영업)

지은이 ｜ 박순용

기획편집 ｜ 서정희, 장주연
디자인 ｜ 김혜진
인쇄 ｜ 예원프린팅
제본 ｜ 정문바인텍

ISBN 978-89-04-16696-1 (03230)

저작권자의 허락없이 이 책의 일부 또는 전체를
무단 복제, 전재, 발췌하면 저작권법에 의해 처벌을 받습니다.

You shall have no other gods before me.

모든것의 시작

제 1 계명

들어가면서

제1계명부터
범하는
교회 안의 사람들

소위 하나님의 백성 된 자들의
우상 숭배

　　　　　　하나님은 자신이 택한 백성, 구원해낸 백성에게 십계명을 직접 돌 판에 기록하여 주셨습니다. 그것은 비록 모든 인간이 따라야 할 하나님의 말씀이지만, 실제로 알고 지키려고 하는 사람들은 하나님의 구원의 은혜를 받은 자들입니다. 결국 십계명은 하나님의 구원을 경험한 백성과 하나님 사이에서 주어진 것으로, 그 관계 속에 있는 자들에게 매우 당연하고 능동적으로 순종할 말씀입니다.

그러나 이스라엘 백성은 그 모든 계명의 시작인 제1계명에서부터, 곧 "하나님 외에는 다른 신들을 네게 두지 말라"라는 말씀부터 불순종했습니다. 그들은 주변 나라 사람들이 믿는 다른 신들, 곧 우상들을 하나님 곁에 두고 섬겼습니다. 그들의 그런 삶은 지속되었고, 바벨론 포로로 잡혀갈 때까지 쉽게 벗어나지 못했습니다.

우리는 '왜 그랬을까?'라고 질문을 하게 되지만, 안타깝게도 그 질문을 똑같이 불러일으키는 모습을 오늘날 교회 안의 사람들에게서도 발견할 수 있습니다.

지금도 교회 안의
많은 사람에게서 보는 우상 숭배

지금도 교회 안의 많은 사람이 우상 숭배에 매력을 느끼는 이유는 하나님으로부터 얻을 것을 우상으로부터 얻을 것이라고 기대하기 때문입니다. 하나님이 소유하신 존귀와 위엄과 능력과 아름다움(시 96:6)을 우상이 줄 것이라고 믿는 것입니다. 결국 사람들은 유한하고, 일시적이고, 거짓된 존귀와 위엄과 능력과 아름다움을 우상에게서 기대하며, 급기야는 자신 안에서 보려고 함으로써 자신을 우상으로 섬깁니다.

흥미 있는 사실은 우상을 섬기는 자들은 우상을 닮는다는 것입니다. 곧 우상을 닮아서 생기를 잃고, 생각도, 지식도, 총명도 상실하며, 어리석음과 공허함과 허무감을 갖습니다.

그런 면에서 오늘날 교회 안의 사람들이 이 세상의 창조주요, 주권자요, 구원자이신 하나님, 또 예수 그리스도 안에서 자신을 드러내신 참 하나님을 믿는다고 하면서 우상과 같이 생기와 총명도 없고 공허함을 느끼는 이유 중 하나는 하나님 곁에 탐심에 따른 우상을 두어 섬김으로써 그 우상을 닮아 있기 때문일 것입니다.

그들이 하나님 곁에 두어 섬기는 우상들은 성공, 돈, 성취, 사랑, 자녀, 오락 등 다양한 모습을 갖고 있습니다. 물론 그런 우상들을 하나님 곁에 두어 섬기는 이면에는 기복 신앙으로 하나님을 대하며 섬기는 모습이 함께 있습니다. 그러나 그것은 사실상 하나님을 우상처럼 섬기는 것입니다. 어쩌면 교회 안의 많은 사람이 자신들의 실상을 모르고 나름의 만족 속에서 신앙생활을 하고 있을는지도 모릅니다.

이 책은 그렇게 교회 안에 있지만 하나님과 우상을 겸하여 섬기는 현실을 보며 다룬 것입니다. 이 내용이 처음 전해졌을 때 어떤 사람들은 한동안 충격에 휩싸이는 모습을 보았습니다. 필요하다면 그런 충격을 통해서라도 하나님을 하나님으로 섬기며 경배하는 일이 있기를 소원합니다.

끝으로, 제1계명의 말씀과 씨름할 때 관련된 책들을 다양하게 참조했는데, 그중 크리스토퍼 라이트(Christopher J. H. Wright)의 『하나님의 선교』와 그레고리 비일(Gregory K. Beale)의 『예배자인가, 우상 숭배자인가?』에서 좋은 통찰을 얻었습니다. 그 외에 에드워드 웰치(Edward Welch)의 글과 우상에 대한 적용적인 내용들을 말한 최근 여러 저자들에게서 도움을 받았습니다.

박순용 목사

목차

들어가면서   4

01   왜 제1계명이 모든 것의 시작인가?   12

모든 것의 시작인 제1계명
제1계명을 지키고 있는가?
'나'라는 우상을 섬기는 사람들
하나님을 하나님으로 인정하는 자의 복
나는 하나님을 진정 사랑하는가?
질투하시는 하나님
큰 고난 뒤 제1계명의 중요성을 깨달은 이스라엘
항상 자문해야 할 제1계명의 준수

02   하나님 외에 다른 신들을 둔다는 것은   30

계명에 담긴 의미를 알고 있는가?
"나만 섬겨라"가 아닌 "다른 신들을 네게 두지 말라"
왜 제1계명을 가장 먼저 말씀하셨는가?
언제든지 우상 숭배에 빠질 수 있는 위험성
피조 세계에 속한 우상의 분명한 한계
하나님 곁에 우상을 두는 이유
너희 자신을 지켜 우상에게서 멀리하라
마음에서부터 지켜야 하는 제1계명
누구도 예외가 될 수 없는 우상 숭배
모든 죄를 촉발하는 우상 숭배
가장 귀하신 예수 그리스도
우상을 버리고 참된 복으로 돌아오라

03 우상의 본질적 속성　　62

우상 숭배의 근본적인 원인을 아는가?
- 타락으로 인해 손상된 종교심
- 창조주의 지위를 탐낸 피조물의 욕망

우상 형성의 4가지 조건
- 신적인 특징이 있는가?
- 두려움을 해결할 수 있는가?
- 믿고 의지할 만한 대상인가?
- 현실적 필요를 채워줄 수 있는가?

우상을 배제하고 전적으로 하나님께로 돌이키라

04 하나님 곁에 두는 흔한 우상들　　88

존귀와 위엄의 우상
능력의 우상
- 성공의 우상
- 돈의 우상
- 성취의 우상

아름다움의 우상
- 결혼과 사랑의 우상
- 성의 우상

우상의 다양성
진정 우상을 버릴 수 있는가?

05 하나님 곁에 두는 '나'라는 우상 126

스스로 신이 되고자 한 아담과 하와
도덕적 자율성이 노골적으로 높여지는 시대
모든 사람이 섬기고 있는 '사랑받겠다'라는 우상
- '사랑받겠다'라는 우상에게서 벗어날 수 있는 유일한 길
- '사랑받겠다'라는 우상이 드러나는 방식

모든 우상의 근원에 있는 신
우상 숭배의 역설
자아 숭배를 조장하는 오늘날의 교회들
반드시 자신에게 물어야 할 2가지 질문
'나'라는 우상을 버리고 오직 하나님만 섬기라

06 우상을 섬김으로 생기는 기이한 현상 148

성경은 우상에 대해 어떻게 말하는가?
자신의 우상과 닮게 되는 인간 존재의 특성
우상 숭배의 비참한 결과
우상의 본질
- 생기 없음
- 어리석음과 무지
- 공허함
- 귀신의 본성을 반영함

우상을 버리고 하나님께로 돌아오라
우상 숭배의 증상 : 말씀에 둔감해짐
우상 숭배의 2가지 기준
오직 하나님만을 택하라

07 제1계명을 잘 지키기 원한다면   188

우리를 아프게 하는 말씀 앞에서
첫째, 하나님을 알기 위해 힘쓰라
- 하나님을 아는 지식이 공급되어야 하는 이유
- 공급이 없을 때 발생하는 우상 숭배
- 하나님을 더 많이 알고자 하라

둘째, 하나님을 항상 의식하며 살라
셋째, 하나님을 선택하라
넷째, 하나님만 의지하고 하나님께 답을 구하라
하나님의 도우심으로 4가지 원칙을 지키라

08 하나님을 우상처럼 섬기지 말라   208

하나님을 우상처럼 이용하려 했던 이스라엘
언약궤에 도움을 구한 이스라엘
하나님을 우상처럼 섬기는 것은
- 자기중심적으로 하나님을 이해함
- 하나님과 그분에 대한 지식의 기계적 활용
- 하나님을 자기 방식대로 섬김

제1계명에 약속된 복

주   226

01

왜 제1계명이
모든 것의 시작인가?

———————— "너는 나 외에는 다른 신들을 네게 두지 말라"_ 출 20:3.

모든 것의 시작인
제1계명

하나님이 자신의 백성을 위해 직접 돌 판에 새겨주신 십계명은 이스라엘 민족뿐만 아니라 하나님의 구속을 경험한 모든 백성에게 유효하고 중요한 하나님의 말씀입니다. 그중 제1계명은 10가지 계명의 기초요, 핵심이라고 할 수 있습니다. 더 나아가 어떤 의미에서는 성경 전체가 이 한 계명을 설명하고 있다고 해도 과언이 아닐 정도로, 제1계명은 기독교에 있어서 매우 중요합니다.

십계명의 제1계명부터 제4계명까지는 '하나님 사랑', 제5계명부터 제10계명까지는 '이웃 사랑'을 나타냅니다. 하지만 이웃 사랑에 해당하는 계명들조차 실제로는 제1계명에 기초하고 있습니다. 왜냐하면 하나님을 알고 그분을 사랑하는 것 속에서만 진정한 이웃 사랑이 가능하기 때문입니다. 더 나아가서 신자의 생사화복까지도 하나님을 사랑하고 그분의 계명을 지키는 것에 달려 있습니다(신 30:15-16).

특히 성경은 그 시작부터 왜 모든 신자가 제1계명을 지켜야 하는지를 말하고 있습니다. 창세기의 첫 구절인 "태초에 하나님이 천지를 창조하시니라"(창 1:1)라는 말씀이 하나님이 온 세상의 창조주요, 주권자이심을 선포하고, 마지막 책인 요한계시록이 "주 하나님이 이르시되 나는 알파와 오메가라 이제도 있고 전에도 있었고 장차 올 자요 전능한 자라 하시더라"(계 1:8)라고 선언함으로써 제1계명을 지켜야 하는 분명한 이유를 우리에게 말해 주고 있습니다.

실로 하나님은 모든 피조물을 존재하게 하셨을 뿐만 아니라 온 세상의 역사를 시작하시고, 그 길을 인도하시는 주권자로 계신 분입니다. "보라 내가 속히 오리니 내가 줄 상이 내게 있어 각 사람에게 그가 행한 대로 갚아 주리라 나는 알파와 오메가요 처음과 마지막이요 시작과 마침이라"(계 22:12-13)라는 말씀처럼, 하나님은 죄로 인해 타락한 피조 세계가 끝나고 새 하늘과 새 땅, 즉 완전한 하나님의 나라가 세워지기까지 그 처음과 끝을 주장하시는 분입니다. 그러므로 제1계명인 "너는 나 외에는 다른 신들을 네게 두지 말라"라는 말씀은 종교적인 요구와 신념으로 말한 것이 아니라 모든 피조물이 마땅히 듣고 행할 사실을 말한 것입니다.

제1계명을 지키고 있는가?

그런데 이 계명과 관련해서 생각할 사실이 있습니다. 하나님이 "너는 나 외에는 다른 신들을 네게 두지 말라"라는 제1계명을 다름 아닌 '하나님의 백성'에게 주어 지키도록 하셨다는 것입니다. 하나님의 백성에게 너무도 당연해 보이는 이 계명을 왜 하나님이 그분의 백성에게 첫 번째로 말씀하셨을까요? 우리는 성경에 기록된 이스라엘 백성의 반응과 하나님께 예배를 드리는 오늘날 우리의 모습을 통해서 그 이유를 찾을 수 있습니다.

우리 중에는 "하나님 외에 다른 신들을 섬기는 것이 도대체 나와 무슨 상관이 있다는 것인가?"라고 반문하는 사람이 있을지도 모릅니다. 특히 하나님 외에 다른 신들, 곧 우상을 두어 섬기는 일은 성경이 기록된 고대 사회에서나 있었던 일이지 오늘을 살아가는 우리에게는 해당하지 않는다고 생각하기 쉽습니다. 하지만 십계명이 기록된 구약시대와 마찬가지로, 신약의 시대를 살아가는 우리에게도 제1계명은 여전히 지켜야 할 계명으로서 중요합니다. 우리 역시 현실에서 하나님 외에 다른 신들, 곧 수많은 우상을 섬기고 있기 때문입니다.

혹시 "나는 제1계명을 잘 지키고 있는가?"라고 자문해본 적이 있습니까? 만일 하나님을 믿고 있다는 이유만으로 이러한 질문을 진지하게 고려하지 않는다면 신앙의 중요한 부분을 놓치고 있을 가능성과 위험이 있습니다. 지난 교회 역사 속에도 이 질문을 도외시한 채 잘못된 신앙에 빠진 사람들은 항상 존재했습니다. 자신은 나름대로 하나님을 잘 믿고 있다고 생각했지만 실제로는 제1계명을 지키지 않은 사람들이 있었다는 의미입니다. 물론 그 모습은 오늘날 교회 안의 사람들에게도 나타나고 있습니다.

'나'라는 우상을 섬기는 사람들

이 세상 문화는 하나님 외에 다른 사랑할 대상들을 지속적으로 공급해 우리를 항상 유혹하고 있습니다. 우리의 안팎으로 수많은 세상의 유혹이 밀려옴에도 정작 교회 안의 많은 사람은 이런 유혹이 있다는 현실조차 분별하지 못합니다. 오히려 자신은 제1계명을 잘 지키고 있다고 생각합니다.

어떤 사람은 오히려 이렇게 신앙을 지키기 어려운 현실과 씨름하며 교회에 나오는 것만으로도 충분히 제1계명을 잘 지키는 것이라고 생각할 수 있습니다. 하지만 제1계명은 마음에서부터 지켜야 하는 것이어서, 눈에 보이는 것만으로는 그 계명에 충실한지 다 알 수 없습니다. 겉으로 드러나는 모습은 빙산의 일각일 뿐 정말 제1계명을 잘 지키고 있는지를 판단하려면 중심부터 잘 살펴야 합니다.

예를 들어서 설명하겠습니다. 모든 은혜의 방편에 성실히 참여하는 한 사람이 있었습니다. 그는 참으로 진실해 보였고, 다른 지체들과의 관계 속에서 자신을 드러내거나 자랑하지도 않았습니다. 뿐만 아니라 자신에게 맡겨진 직분에도 충실했습니다. 그래서 그가 제1계명을 어기고 있을 것이라고 생각하는 사람은 아무도 없었습니다.

하지만 그에게는 포기할 수 없는 한 가지 우상이 있었습니다. 바로 그의 하나밖에 없는 자녀였습니다. 그는 자녀를 위해서라면 그 어떤 것도 기꺼이 희생할 준비가 되어 있었습니다. 특별히 자녀의 교육과 행복의 문제는 그에게 최고의 관심사였습니다. 이처럼 그는 겉으로 보기에는 매우 신실한 성도이지만, 실제 그의 중심은 하나님이 아닌 자녀가 차지하고 있었습니다. 이러한 삶은 제1계명을 잘 지키는 삶이 아닙니다.

또한 교회를 열심히 다니지만 결코 다른 사람들에게 마음을 열지 않는 사람도 있습니다. 그에게 있어서 가장 중요한 것은 자신의 자존심입니다. 그래서 아무리 같은 교회를 다니는 사람이라고 하더라도 자신의 감정과 생각, 판단에 대해 무엇이라고 언급하는 것을 일체 용납하지 않습니다. 많은 사람이 조용하고 성실하게 신앙생활을 하는 그를 보며 제1계명을 잘 지키고 있다고 생각하지만, 사실상 그는 하나님보다 자신의 자존심을 더 중요하게 생각하며 가장 우선시하고 있습니다.

조금 더 일반적인 예를 들어보겠습니다. 자신이 자주 방문하는 웹사이트가 무엇인지 확인해보십시오. 또 스마트폰으로든 컴퓨터로든 자주 검색하는 단어가 무엇인지 찾아보십시오. 단순히 삶의 필요 때문이 아니라 습관적으로 중독이 되어서 일정한 웹사이트를 자주 방문하고 있다면, 게다가 그 웹사이트로부터 위로와 만족을 구하고 있다면 그것은 실질적인 면에서 하나님보다 더 큰 영향력을 우리에게 행사하고 있는 것입니다. 즉 그 웹사이트가 우상이 된 것입니다. 이러한 삶은 결코 제1계명을 잘 지키고 있는 것이라고 말할 수 없습니다.

심지어 기독교의 옷을 입고 제1계명을 범하는 경우도 있습니다. 우리가 흔히 말하는 기복 신앙이 그 예입니다. 기복 신앙을 추구하는 사람은 열심히 하나님을 운운하지만, 실제로 그가 구하는 것은 하나님이 아니라 성공과 축복입니다. 기독교 안에서 어떤 종교 체험을 추구하는 경우도 여기에 해당됩니다. 특정 체험을 중요시하면서 그 체험을 통해 자기만족을 얻으려는 또 다른 우상 숭배입니다. 이것은 마치 출애굽한 이스라엘 백성이 금송아지를 만들어놓고 자신들을 애굽 땅에서 인도하여 낸 신이라고 말한 것과 같습니다(출 32:4).

이 모든 것은 기독교의 옷을 입고 있지만 사실상 제1계명을 범하고 있는 우상 숭배입니다.

하나님을 하나님으로
인정하는 자의 복

이처럼 아무리 교회 안에 머무는 사람이라 하더라도 제1계명을 얼마든지 쉽게 범할 수 있습니다. 그럼에도 많은 사람이 이러한 자신의 상태를 자각하지 못해서 제1계명을 지키는 자에게 주어지는 하나님의 은혜와 복을 누리지 못합니다.

성경은 오직 하나님만을 섬기는 자에게 하나님이 어떠한 은혜와 복을 주시는지에 대한 수많은 실례로 가득합니다. 단순히 이 세상에서 물질적으로 부요해지는 정도가 아니라, 하나님이 오직 하나님만을 섬기는 자들에게 그들의 하나님이 되심을 증명하신다고 성경은 말하고 있습니다.

그것이 얼마나 엄청나고 부요한 것인지는 성경에 등장하는 수많은 믿음의 사람의 삶을 보면 알 수 있습니다. 그들의 삶의 특징은 하나님 외에 다른 신들을 두지 않고 오직 하나님만을 섬긴 것입니다. 비록 하나님만을 섬기려다 보니 때로는 고난이 그들을 찾아왔지만, 하나님은 그 고난 중에서도 자신의 존재를 충만히 드러내셨습니다. 하나님은 많은 사람에게 하나님과 그들의 관계를 증명하셨습니다. 이것이 제1계명을 지키는 자들이 누리는 최고의 은혜와 복입니다.

그래서 모세는 이스라엘 백성을 향해 다음과 같이 명령했습니다.

"이스라엘아 들으라 우리 하나님 여호와는 오직 유일한 여호와이시니 너는 마음을 다하고 뜻을 다하고 힘을 다하여 네 하나님 여호와를 사랑하라"(신 6:4-5).

오직 유일하신 여호와 하나님만을 마음과 뜻과 힘을 다해 사랑하라는 것입니다. 이 말씀은 제1계명에 대한 적극적인 표현입니다. 이처럼 제1계명의 궁극적인 내용은 '하나님을 인정하며 사랑하는 것'입니다.

나는 하나님을 진정 사랑하는가?

그러나 하나님을 사랑하는 것은 단순한 감정 표현의 문제가 아닙니다. 이것은 하나님의 존재에 대한 이해 속에서 하나님을 인정하며 반응하는 것이며, 또한 하나님과의 관계 속에서 충실한 삶을 말합니다. 그래서 모세는 신명기의 결론 부분에서 제1계명을 지키는지에 따라 우리의 삶이 나뉠 수밖에 없다는 사실을 밝혔습니다.

> "보라 내가 오늘 생명과 복과 사망과 화를 네 앞에 두었나니 곧 내가 오늘 네게 명령하여 네 하나님 여호와를 사랑하고 그 모든 길로 행하며 그의 명령과 규례와 법도를 지키라 하는 것이라 그리하면 네가 생존하며 번성할 것이요 또 네 하나님 여호와께서 네가 가서 차지할 땅에서 네게 복을 주실 것임이니라"(신 30:15-16).

달리 말하면, 모세는 제1계명을 잘 지키는지에 따라 생명과 복, 사망과 화로 나뉠 것이라고 말한 것입니다. 여기서 모세가 말한 생명과 복, 사망과 화는 단순히 현실적으로 잘되거나 안되는 문제를 의미하지 않습니다. 이것은 하나님이 직접 주시는 생명과 복, 하나님이 직접 내리시는 사망과 화를 말하는데, 하나님은 이를 통해 자신이 누구인지를 드러내시며 자신의 존재를 증명하십니다.

하나님이 직접 주시는 생명과 복이 무엇인지 알고 있습니까? 반대로 하나님이 직접 내리시는 사망과 화가 무엇인지 알고 있습니까? 이것은 부자가 되느냐, 가난해지느냐의 문제가 아닙니다. 이것은 피조물인 인간이 본래의 삶을 사느냐, 그렇지 못하느냐의 문제입니다. 여기서 '본래의 삶'이란 현재로부터 영원에 이르기까지 영원하신 하나님 안에서 안식과 만족, 기쁨을 누리는 삶을 뜻합니다.

하나님[1]은 자신을 사랑하는 자에게는 생명과 복을, 자신을 사랑하지 않는 자에게는 사망과 화를 내리심으로 하나님 자신이 누구인지를 분명하게 드러내십니다. 우리는 이 말씀을 통해서 하나님 안에서 갖게 되는 성도의 복된 삶은 제1계명을 기꺼이 따르는 것에 달려 있음을 알 수 있습니다.

질투하시는 하나님

반면에 제1계명을 지키지 않는 자는 하나님이 약속하신 복을 누릴 수 없습니다. 하나님은 제2계명이 말하는 바대로 질투하시는 하나님이셔서 하나님을 향한 각 사람의 마음을 따라 자신의 양면을 달리 나타내십니다.

"그것들에게 절하지 말며 그것들을 섬기지 말라 나 네 하나님 여호와는 질투하는 하나님인즉 나를 미워하는 자의 죄를 갚되 아버지로부터 아들에게로 삼사 대까지 이르게 하거니와 나를 사랑하고 내 계명을 지키는 자에게는 천 대까지 은혜를 베푸느니라"(출 20:5-6).

이 말씀은 하나님이 단순히 제2계명에만 국한해서 주신 것이 아닙니다. "나를 사랑하고 내 계명을 지키는 자"라는 구절을 통해 알 수 있듯이, 하나님을 사랑하는 것과 하나님이 주신 모든 계명을 지키는 것을 포함합니다. 이를 통해 우리는 제2계명이 하나님을 사랑하는 것과 모든 계명을 지키는 것의 첫 출발인 제1계명과 연결되어 있음을 알 수 있습니다. 결국 하나님은 제1계명을 지키는 것을 하나님을 사랑하는 것으로 말씀하셨고, 반대로 제1계명을 범하는 것을 하나님을 미워하는 것으로 말씀하신 것입니다.

그래서 만일 누군가 제1계명을 범한다면 그에게는 어떤 이유에서든지 하나님에 대한 사랑에 문제가 있다는 것을 시사합니다. 이런 일은 보통 마땅히 사랑할 대상이신 하나님 대신에 다른 것들에 그 사랑을 옮김으로써 발생하기 때문입니다. 하나님의 형상으로 지으심을 받은 우리는 결코 두 대상을 동시에 사랑할 수 없습니다.

어떤 사람들은 자신이 실질적으로 이 사람도 사랑하고, 또 저 사람도 사랑한다는 이유로 "다양한 대상을 동시에 사랑할 수 있다"고 주장할지도 모릅니다. 그러나 그것은 그 사람의 논리일 뿐입니다. 성경은 인격을 지닌 우리의 사랑의 주인은 오직 하나밖에 없다고 분명히 말합니다.

예수님은 "한 사람이 두 주인을 섬기지 못할 것이니 혹 이를 미워하고 저를 사랑하거나 혹 이를 중히 여기고 저를 경히 여김이라 너희가 하나님과 재물을 겸하여 섬기지 못하느니라"(마 6:24)라고 분명히 말씀하심으로써 인격으로 지으심을 받은 우리에게는 오직 하나의 주인만 있음을 가르쳐주셨습니다. 그러므로 하나님을 사랑하고 있지 않다면 그는 분명 하나님 외에 다른 신들을 사랑하고 있는 것입니다.

하나님은 하나님에 대한 사랑과 관련해 하나님의 질투를 드러내십니다. 그래서 제1계명을 지키는 것과 지키지 않는 것에 대해 자신의 존재를 각각 증명하십니다. 하나님은 자신을 미워하는 자에게는 죄를 갚되 아버지로부터 아들에게로 삼사 대까지 이르게 하시고, 반대로 하나님을 사랑하는 자에게는 천 대까지 은혜를 베푸십니다.

하나님의 반응을 눈여겨보십시오. 저주와 관련해서는 삼사 대에 불과한데, 은혜를 베푸시는 것은 인간이 표현할 수 있는 최대의 기간인 '천 대'에 이릅니다. 우리는 여기서 저주는 짧고 은혜는 길다는 것을 알 수 있습니다. 하나님은 자기 백성이 계명을 어기면 짧은 징계를 통해 돌이키게 하심으로 하나님 안에서 영원한 복을 누리게 하십니다.

저주와 관련해서 삼사 대를 말한 것은 우리가 일반적으로 생각하는 것과는 다릅니다. 모세가 성경을 기록할 당시 이스라엘 가족의 형태와 거주 문화에서는 3대 혹은 4대가 한집에 모여 살고 있었기 때문입니다. 아간이 범죄했을 때 그와 함께 살고 있는 온 집안에 저주가 내려졌던 것처럼(수 7:24-25), 하나님의 저주는 범죄한 자와 함께 살고 있는 당대의 사람들에게만 내려졌습니다. 아직 태어나지도 않은 자식들에게 이어지는 저주가 아닙니다.

반면 하나님은 계명을 지키는 자에게는 천 대까지 은혜를 베풀겠다고 약속하셨습니다. 우리는 그 예를 오직 하나님만 섬긴 다윗의 집에서 볼 수 있습니다. 놀랍게도, 다윗의 후손 가운데는 범죄한 사람들이 많았습니다. 그럼에도 불구하고 여호와께서는 다윗을 위해 유다 멸하기를 즐겨 하지 않으셨습니다.

> "여호와께서 그의 종 다윗을 위하여 유다 멸하기를 즐겨 하지 아니 하셨으니 이는 그와 그의 자손에게 항상 등불을 주겠다고 말씀하셨음이더라"(왕하 8:19).

또한 히스기야 통치 때에는 "내가 나와 나의 종 다윗을 위하여 이 성을 보호하여 구원하리라"(왕하 19:34)라고 말씀하시면서 그를 지켜주셨습니다.

물론 천 대까지 은혜를 베풀겠다는 하나님의 약속이 무조건 기계적으로 적용되는 것은 아닙니다. 다윗의 후손 역시 죄에 대한 형벌에서 벗어날 수 없었습니다. 다만 이 약속이 말하는 바는 하나님을 경외하고 사랑하는 자의 후손들에게 하나님은 자신의 은혜를 거두시지 않는다는 것입니다. 비록 그 후손들 중 우상을 섬기는 자들은 징계와 저주를 받겠지만, 그럼에도 하나님은 이어지는 후손들에게 자신의 은혜를 지속하겠다고 약속하셨습니다.

큰 고난 뒤 제1계명의 중요성을
깨달은 이스라엘

이처럼 제1계명을 지키는 것과 지키지 않는 것 사이에는 분명한 차이가 있습니다. 그런데 오늘날 예수를 믿는 많은 사람은 이 차이를 대수롭지 않게 여깁니다. 그들은 현실적인 차원, 곧 이 땅에서 잘되고 형통한 삶에만 연결시켜서 생각합니다. 그러나 제1계명과 관련해 나타나는 이 차이는 하나님 안에서 인간 본연의 삶을 누리느냐, 누리지 못하느냐를 나누는 매우 중대한 결과를 가져옵니다.

우리는 이 문제를 진지하게 생각해야 합니다. 어떤 이들은 하나님의 분명한 약속이 있는데도 제1계명을 지킴으로써 얻게 되는 복을 온전히 누리지 못합니다. 열심히 대대로 교회를 다니는데도 제1계명이 말하는 바, 곧 하나님과의 인격적인 관계 속에서 영혼의 안식과 만족을 누리는 경험을 제대로 하지 못합니다.

그들의 더 큰 비극은 하나님 없이 거짓된 안식과 평안 속에서 대리만족을 한다는 것입니다. 그들은 외면적으로는 하나님을 잘 섬기는 것 같아도 하나님 외에 다른 것들에서 만족을 찾기 때문에 영혼의 헛됨에 빠지게 됩니다. 마치 하나님 외에 다른 신들을 섬겼던 이스라엘 백성과 동일한 상태를 경험하게 되는 것입니다.

현실을 중시하던 이스라엘 백성이 그들의 현실이 모두 사라지고 바벨론의 포로로 끌려가게 되었을 때 깨달은 한 가지 사실이 있습니다. 바로 제1계명의 중요성입니다. 포로 생활에서 해방된 이스라엘 백성이 성전을 향해 나아가면서 부른 찬송으로 알려진 시편 120-134편을 보면, 그들이 유일하신 하나님을 향해 간절한 고백을 올려드렸음을 알 수 있습니다.

먼저, 시편 121편에서는 "내가 산을 향하여 눈을 들리라 나의 도움이 어디서 올까 나의 도움은 천지를 지으신 여호와에게서로다…여호와께서 너의 출입을 지금부터 영원까지 지키시리로다"(시 121:1-2, 8)라고 고백했고, 시편 123편에서는 "하늘에 계시는 주여 내가 눈을 들어 주께 향하나이다 상전의 손을 바라보는 종들의 눈같이, 여주인의 손을 바라보는 여종의 눈같이 우리의 눈이 여호와 우리 하나님을 바라보며 우리에게 은혜 베풀어 주시기를 기다리나이다"(시 123:1-2)라고 고백했습니다. 이 시편 가운데 공통적으로 발견되는 핵심 내용은 바로 '하나님이 내 모든 것의 근본이자 시작이 되시며 또한 전부가 되신다'는 것입니다.

사실 그들이 고백했던 내용은 선지자들이 오랜 세월 동안 그들에게 선포했던 말씀입니다. 그럼에도 그들은 그 당시에는 선지자의 말에 귀 기울이지 않았습니다. 오히려 더 악한 우상 숭배를 향해 달음질했습니다. 그러나 포로 생활 이후 달라진 그들의 고백을 보십시오. 얼마나 큰 변화입니까? 그들의 현실이 크게 달라진 것도 아니었습니다. 부자가 된 것도 아니었습니다. 다만, 동일한 현실 속에서 오직 하나님만을 바란다는 결론을 얻게 된 것입니다. 즉 제1계명을 궁극적으로 고백하게 된 것입니다. "우리에게는 오직 하나님밖에 없습니다. 오직 하나님만을 섬기고 싶습니다."

이렇듯 하나님만을 바라며 그분을 간절히 기다리게 된 그들은 시편 130편에서 다음과 같이 고백했습니다.

"나 곧 내 영혼은 여호와를 기다리며 나는 주의 말씀을 바라는도다 파수꾼이 아침을 기다림보다 내 영혼이 주를 더 기다리나니 참으로 파수꾼이 아침을 기다림보다 더하도다 이스라엘아 여호와를 바랄지어다 여호와께서는 인자하심과 풍성한 속량이 있음이라"(시 130:5-7).

결과적으로 그들은 제1계명을 잘 지키는 것이 그들에게 무엇보다 중요하다는 사실을 깨닫게 되었습니다. 그들은 뒤늦게나마 이 사실을 믿고 인정했습니다. 하나님이 그들의 존재와 삶의 근원이요, 모든 것이 되심을 분명하게 보게 되었습니다. 그래서 하나님만을 바라며 섬길 수밖에 없음을 자발적으로 고백했습니다.

그들은 천지를 지으신 하나님, 자신의 삶의 시작과 끝을 주장하시는 주권자 하나님, 인자와 풍성한 속량으로 구원하시는 구원자 하나님을 섬길 때 모든 도움이 하나님께로부터 온다는 것을 깨달았습니다. 또 하나님은 그들의 구원뿐만 아니라 삶의 모든 것까지 지키시며 도움을 주시는 분이라는 사실을 알게 되었습니다. 그러므로 하나님 외에 다른 것들은 생각할 수가 없다는 것이 그들의 결론이었습니다.

항상 자문해야 할
제1계명의 준수

왜 제1계명이 모든 것의 시작이라고 하는지 알겠습니까? 너무나 당연한 것이지만, 이스라엘 백성은 포로로 잡혀가서야 이 사실을 절실히 깨달았습니다. 왜 제1계명이 모든 것의 시작이 되는지 하나님의 말씀을 유념하십시오. 그것은 만물이 하나님에 의해 창조되었고, 모든 생명, 곧 나의 생명을 그분이 창조하셨으며, 처음부터 끝까지 우리를 존속하게 하시는 분이 하나님이시기 때문입니다. 더 나아가 나의 죄를 속량하시는 분이 하나님이시며, 나를 구원하시는 분이 하나님이시기 때문입니다. 우리가 보는 모든 세계와 우리의 생명의 존속과 우리의 구원이 모두 하나님께로부터 나오기 때문입니다. 그래서 인간은 하나님만을 섬길 때 비로소 인간 본연의 삶을 살 수 있습니다.

그러나 포로로 잡혀가서 깨닫기 전까지 과거 이스라엘 백성은 이 사실을 잊고 살았습니다. 그들은 제1계명을 무시했습니다. 안타깝게도, 오늘날 교회 안의 많은 사람도 이 계명을 너무 피상적으로 아는 가운데 사실상 무시하며 살고 있습니다. 제1계명을 지키지 않는 이유는 하나님을 모르는 이방인과 다를 바 없는 사람, 즉 거듭나지 않은 사람이기 때문이거나, 혹은 성도라 해도 하나님과의 관계에 문제가 생겼기 때문일 것입니다.

그러므로 묻고 싶습니다. 지금 제1계명을 잘 지키고 있습니까? 포로 생활 후 돌아온 이스라엘 백성처럼 지금 하나님 외에 다른 신들을 두지 않고 오직 하나님만을 섬기기 원합니까? 바로 하나님이 천지를 창조하신 창조주 하나님이시요, 삶의 주권자이시며, 인자와 긍휼이 풍성하신 구원자 하나님이신 것을 믿고 전심으로 제1계명을 지키기 원하느냐는 것입니다.

만일 열심히 신앙생활을 하고 있어도 인간 본연의 삶을 누리지 못하고 있다면 그 이유가 무엇인지에 대해 진지하게 생각해보십시오. 하나님 안에서 만족하지 못하고 다른 것들에 마음을 쏟기 때문이 아닙니까? 하나님 자신에 대해서 만족하지 못하고 다른 것들에 마음을 쏟으며 살고 있다면, 그는 제1계명을 실질적인 면에서 무시하며 살고 있는 것입니다.

부디 제1계명 속의 하나님을 정확히 알고 그 하나님 외에 다른 신들을 자신에게 두지 않음으로써 갖게 되는 인간 본연의 삶을 살 수 있기를 바랍니다. 바로 하나님과의 복된 관계 속에서 사는 삶 말입니다.

제1계명을 지키는 삶은 그것을 방해하는 수많은 유혹을 이겨내야 하기 때문에 의외로 어렵습니다. 앞으로 이 책의 내용을 읽어 내려가면서 그 어려움을 보게 될 것입니다. 그럼에도 불구하고 참된 신자는 어떤 어려움과 유혹 속에서도 성령이 능력으로 역사하시는 가운데 기꺼이 제1계명을 지키고자 할 것이고, 성령이 지키게 하시는 경험을 하게 될 것입니다.

02

하나님 외에
다른 신들을
둔다는 것은

"나는 너를 애굽 땅, 종 되었던 집에서 인도하여 낸
네 하나님 여호와니라
너는 나 외에는 다른 신들을 네게 두지 말라" _ 출 20:2-3.

　　　　　　제1계명의 내용을 묵상하면서 과연 우리가 이 계명을 철저히 지킬 수 있을지 의문을 품게 되었습니다. 왜냐하면 하나님 외에 다른 신들이 우리의 삶과 밀접하게 연관되어 있고, 우리를 잡아끄는 힘과 매력이 대단하기 때문입니다. 그만큼 우리의 현실을 바라보면 모든 것의 시작인 제1계명을 지키는 문제는 결코 쉽지 않습니다. 실제로 오늘날 교회 안에 머무는 많은 사람의 모습을 보더라도 제1계명을 제대로 지키는 일은 너무나 어려워 보입니다.

　그래서 뒤이은 내용에 앞서서 한 가지 질문을 하고자 합니다. 그것은 "정말로 나는 하나님 외에 다른 신들을 두지 않고 오직 하나님만을 섬기고 싶은가?"라는 것입니다. 진심으로 제1계명을 지키고 싶습니까? 정말로 하나님을 잘 섬기고 싶습니까? 자신에게 그런 갈망과 소원이 있는지부터 진지하게 묻고 확인해보십시오. 만일 진실로 그러한 마음이 있는 사람이라면 이 책의 내용을 통해 위로받기를 구하기보다 자신의 진심을 확인하고, 진실로 모든 깃의 시작인 제1계명을 자신의 마음에 새김으로써 하나님 안에서 살아가는 삶을 경험하고자 할 것입니다.

계명에 담긴 의미를
알고 있는가?

그런데 우리가 지킬 십계명을 잘 이해하기 원한다면 먼저, 십계명의 서론이라 할 수 있는 출애굽기 20장 2절 말씀을 잘 살펴야 합니다. 하나님은 이스라엘을 애굽 땅 종 되었던 집에서 인도하여 내신 배경 속에서 십계명을 주셨습니다. 그리고 10개의 계명을 주시기 전에 "나는 너를 애굽 땅, 종 되었던 집에서 인도하여 낸 네 하나님 여호와"(출 20:2)라고 말씀하셨습니다. '나와 너'라는 특별한 인격적인 관계를 먼저 말씀하신 것입니다.

우리는 이스라엘을 향해 '나와 너'라는 특별한 관계로 말씀하시는 하나님이 어떤 분이신지를 잘 알아야 합니다. 그 하나님이 어떤 분이십니까? 당대의 최강대국이었던 애굽을 무너뜨리신, 세상 역사를 주관하시는 주권자 하나님이시요, 존재하는 모든 세계를 창조하신 창조주 하나님이십니다. 그 하나님이 이스라엘을 특별히 사랑하셔서 자신의

섭리 속에서 그들을 구원하셨습니다. 그러니 그들의 구원자 하나님이
십니다.

　이것이 바로 제1계명을 잘 지켜야 하는 가장 중요한 이유입니다. 창조주, 주권자, 구원자이신 하나님이 '나와 너'라는 특별한 언약적인 관계 속에서 이스라엘을 구원으로 이끄셨다는 사실이 이스라엘이 제1계명을 지켜야만 하는 강력한 이유와 근거가 된다는 것입니다. 이 사실은 오늘을 살아가는 우리에게도 그대로 적용됩니다. 만물을 창조하신 창조주이시고 나와 세상의 역사를 주관하시는 하나님이 예수 그리스도의 피로 우리를 구원하신 구원자이시기 때문에 우리는 제1계명을 지켜야만 합니다.

　우리가 더 주목해 볼 사실은 이처럼 놀라운 하나님이 우리를 향해 자신을 "네 하나님 여호와"라고 부르신다는 것입니다. 이는 구원의 은혜로 우리에게 주어진 '나와 너'의 특별한 인격적인 관계를 의미합니다. 인격적인 관계란 이념이나 규칙에 의해서 움직이는 관계가 아닌, 서로를 알고 교통하는 가운데서 사랑하며 공경하는 관계를 말합니다. 따라서 십계명은 하나님이 어떤 분이신지를 아는 인격적인 관계 속에서 지키라고 주신 계명입니다. 만일 누군가 그 계명에 소홀하다면 그는 인격적인 관계 가운데서 계명을 주신 하나님의 뜻을 부정하거나 거부하는 사람입니다.

　어떤 사람은 십계명을 포함해 성경에 기록된 모든 계명을 자신을 속박하는 것으로 잘못 이해합니다. 그러나 하나님은 자신과의 관계를 표현하기 위한 통로로 계명을 주셨습니다. 곧 계명을 통해 그 관계에 얼

마나 충실하고 진실한지, 또 하나님을 얼마나 사랑하는지를 나타내도록 하신 것입니다. 계명을 따르는 우리의 반응이 가능한 이유는 먼저 하나님이 은혜를 베푸셔서 우리와 관계를 맺어주셨기 때문입니다.

이러한 십계명의 배경에 대한 이해가 없이 계명을 문자적으로만 받아들인다면 계명을 일방적으로 주어진 규칙 정도로밖에 생각할 수 없습니다. 제1계명부터 이해하기 힘들고 받아들이기 어려운 독선적인 주장으로 인식될 것입니다. 그러므로 우리는 제1계명을 지킬 수밖에 없는 이유를 먼저 하나님과의 관계 속에서 확인해야만 합니다.

"나만 섬겨라"가 아닌 "다른 신들을 네게 두지 말라"

또한 제1계명에서 하나님은 "내가 참 신이므로 오직 나만을 섬겨라"라고 적극적으로 명령하시지 않고, "나 외에는 다른 신들을 네게 두지 말라"라고 부정적으로 명령하신 것을 볼 수 있습니다. '나 외에는'이라는 표현 자체가 이미 '하나님 한 분 외에는 다른 신들은 없다'는 것을 전제하고 있음에도 하나님은 다른 신들을 두지 말라고 명령하셨습니다.

어떤 사람은 하나님이 제1계명을 적극적으로 명령하시지, 왜 부정문을 써서 소극적으로 표현하셨느냐고 물을 수 있습니다. 그러나 하나님은 이미 2절 말씀을 통해 이스라엘 백성을 구원하신 분이 누구이신지를 분명하게 밝히셨기에, 오직 하나님만이 이스라엘의 유일한 구원자이시라는 사실에는 변함이 없었습니다. 다만, 이제부터 이스라엘에게 문제가 되는 것은 이스라엘의 유일한 구원자이신 하나님을 두고서 우상을 섬길 여지였습니다.

이스라엘은 이미 애굽에서부터 그곳의 신들을 경험했습니다. 또 앞으로 가나안을 향한 여정과 가나안 땅에서 사는 중에 다양한 신들을 접하게 될 것입니다. 그때 수많은 신에게서 영향을 받고 그 신들을 섬길 여지가 이스라엘에게는 다분했기 때문에 하나님은 제1계명에서 부정문을 사용해 명령하신 것입니다. 그래서 제1계명에는 '오직 하나님만이 참 신이시다'라는 사실이 내포되어 있지만, 강조점은 하나님을 믿고 사랑하면서 현실 속에서 부딪히는 다른 신들, 곧 우상을 섬기지 말라는 것에 있습니다.

또 어떤 사람은 제2계명도 우상에 관한 계명인데, 결국 제1, 2계명이 같은 계명이 아니냐고 물을 수도 있습니다. 실제로 로마 가톨릭은 제1계명과 제2계명을 하나의 계명으로 이해합니다. 그들은 십계명 본문에서 구분된 계명을 하나로 통합해 자신들의 성상 숭배를 정당화합니다. 이러한 그들의 시도에는 오랜 전통 속에서 허용한 성상 숭배를 포기하고 싶지 않은 의도가 담겨 있습니다.

그러나 제1계명과 제2계명은 엄연히 구별된 계명입니다. 둘의 차이점은, 제1계명은 하나님 외에 다른 우상들을 섬기지 말라는 것이고, 제2계명은 하나님을 어떤 형상으로든지 만들지 말라는 것입니다.

왜 제1계명을
가장 먼저 말씀하셨는가?

우리는 여기서 한 가지 질문을 해볼 필요가 있습니다. "이스라엘을 놀라운 능력으로 구원하신 하나님이 왜 제일 첫 번째 되는 계명으로 다른 신들을 섬기는 문제를 말씀하셨을까?" 하는 것입니다. 이미 하나님은 출애굽 사건을 통해서 모든 이방 신이 가짜라는 것을 증명하셨습니다. 또 하나님만이 참 하나님이시라는 사실을 온 천하에 나타내셨습니다. 그렇다면 이스라엘 백성이야말로 하나님 외에 다른 신들을 생각할 수 없었을 것입니다. 그런데도 하나님은 하나님 외에 다른 신들, 즉 우상을 섬기는 문제를 매우 심각하게 말씀하셨습니다.

우리도 이 문제를 진지하게 생각해봐야 합니다. 하나님이 이미 구원하신 이스라엘 백성을 향해 비중 있게 명령하셨다면, 오늘을 사는 우리에게도 동일하게 적용될 것입니다. 이 질문에 대한 대답은 제1계명 이후의 이스라엘 역사가 잘 말해주고 있습니다. 그리고 오늘날 교회를 다니는 우리의 모습이 그 이유를 잘 설명해줍니다.

안타깝게도, 지난 역사 속에서는 소위 하나님을 믿는다고 하는 사람들에게 하나님 외에 다른 신들, 곧 우상을 섬기는 일이 계속해서 있었습니다. 이스라엘의 역사 속에도 있었고, 현재의 우리에게도 있습니다. 이스라엘 백성은 홍해를 건넌 뒤 "여호와여 신 중에 주와 같은 자가 누구니이까"(출 15:11)라고 고백했지만, 그 이후 우상 숭배로 점철된 삶을 살았습니다. 또 오늘날 예수 믿는 우리는 하나님만이 참 신이시며 하나님은 찬양 받기에 합당하신 분이라고 자주 찬양하지만 하나님 외에 다른 신들, 곧 우상들을 마음에 두며 살아가고 있습니다. 우리 모두는 '하나님 외에'라는 말을 '오직 하나님만 참 신'이라는 의미로 이해하고 있음에도 그러한 일들을 행하고 있는 것입니다.

실제로 하나님은 구원의 역사 속에서 하나님만이 참 신이시라는 것을 우리에게 증명하셨습니다. 성경은 이 사실을 잘 기록하고 있습니다. 신명기에는 "이제는 나 곧 내가 그인 줄 알라 나 외에는 신이 없도다 나는 죽이기도 하며 살리기도 하며 상하게도 하며 낫게도 하나니 내 손에서 능히 빼앗을 자가 없도다"(신 32:39)라고 기록되어 있습니다. 하나님은 이스라엘의 역사 속에서 말씀에 계시한 대로 자신을 그들에게 나타내셨습니다.

또한 이사야 선지자를 통해서는 "나는 여호와라 나 외에 다른 이가 없나니 나 밖에 신이 없느니라"(사 45:5)라고 말씀하셨습니다. 하나님은 그 말씀을 하시기까지 그들에게 자신을 나타내셨을 뿐만 아니라, 그 이후의 역사 속에서도 자신을 증명하셨습니다. 그리고 신약시대의 사도 바울에게는 자신이 "영원하신 왕 곧 썩지 아니하고 보이지 아니하고 홀로 하나이신 하나님"(딤전 1:17)임을 증거하셨습니다.

성경은 단순히 문자로만 기록된 책이 아닙니다. 하나님은 말씀을 통해 자신을 계시하신 그대로 역사 속에서 나타내 보이셨습니다. 그래서 하나님을 알게 된 참된 구원을 받은 모든 사람은 '하나님 외에'라는 말이 '하나님 외에는 참 신이 없다'는 의미임을 굳게 확신했습니다. 그들은 결코 이 사실에 조금의 의문도 갖지 않았습니다. 그런데도 하나님은 이미 믿음을 가진 사람들에게 다른 신들을 섬기지 말 것을 말씀하셨습니다.

언제든지 우상 숭배에
빠질 수 있는 위험성

그렇다면 하나님은 '다른 신들'을 어떤 의미로 말씀하신 것일까요? 정말로 다른 신들이 존재하는 것일까요? 아니면 '하나님만을 섬기는 것'을 강조하시기 위해 '다른 신들'을 덧붙여서 말씀하신 것일까요? 앞선 인용 구절들을 통해 살펴보았듯이 정답은 '하나님 외에는 다른 신들은 없다'입니다. 신이라 불리는 것들은 그저 우상들일 뿐입니다. 그럼에도 하나님은 왜 이스라엘에게 다른 신들을 두지 말라고 하셨을까요?

그 이유는 한낱 우상에 불과한 것들을 신으로 섬기려는 죄악된 본성이 인간에게 있기 때문입니다. 실제로 수많은 사람이 존재하지 않는 신을 자신의 신으로 삼아 섬기곤 했습니다. 즉 하나님이 말씀하신 '다른 신들'은 하나님 자신에게는 존재하지 않으나 인간에게는 존재하는 것처럼 보이는 신인 것입니다.

이에 대해 사도 바울 역시 "그러므로 우상의 제물을 먹는 일에 대하여는 우리가 우상은 세상에 아무것도 아니며 또한 하나님은 한 분밖에 없는 줄 아노라 비록 하늘에나 땅에나 신이라 불리는 자가 있어 많은 신과 많은 주가 있으나"(고전 8:4-5)라고 말하면서, 우상은 하나님과 비교했을 때 아무것도 아님을 분명히 밝혔습니다. 하지만 여전히 인간들은 하늘과 땅의 많은 신과 주를 두어 그것들을 섬기고 있습니다. 그것이 바로 '하나님 외에 다른 신들'입니다.

하지만 '다른 신들'로 통칭되는 우상들에게는 결코 하나님과 같은 신적 속성을 찾아볼 수 없습니다. 그래서 선지자들도 이방의 신들은 아무것도 아니며 허망할 뿐이라고 증거했던 것입니다. 모세 역시 가나안으로 들어가기 전 이스라엘 백성에게 이 사실을 확고하게 선포했습니다. 이미 매우 확실하게 하나님 외에 다른 신들을 생각할 수 없는 그들에게 이 사실을 강조했습니다.

"그런즉 너는 오늘 위로 하늘에나 아래로 땅에 오직 여호와는 하나님이시요 다른 신이 없는 줄을 알아 명심하고"(신 4:39).

"하늘과 모든 하늘의 하늘과 땅과 그 위의 만물은 본래 네 하나님 여호와께 속한 것이로되"(신 10:14).

"너희의 하나님 여호와는 신 가운데 신이시며 주 가운데 주시요 크고 능하시며 두려우신 하나님이시라"(신 10:17).

말씀을 통해 들을 때는 이 사실이 확고한 것 같지만, 현실 속에 우상과 부딪히게 되면 쉽게 흔들립니다. 그래서 모세는 그의 마지막 설교에서 하나님의 말씀을 대언해 다시 강조했습니다.

"이제는 나 곧 내가 그인 줄 알라 나 외에는 신이 없도다 나는 죽이기도 하며 살리기도 하며 상하게도 하며 낫게도 하나니 내 손에서 능히 빼앗을 자가 없도다"(신 32:39).

그런데 이처럼 하나님의 살아 계심과 그분의 존재를 분명히 알게 된 이스라엘에게 모세는 결코 우상을 숭배하지 말 것을 재차 경고했습니다. 아무리 하나님이 크고 두려우신 하나님이시고 신 중의 신이심을 인식하고 있다고 하더라도 그들은 여전히 우상 숭배의 유혹에서 자유로울 수 없었기 때문입니다. 이것은 가나안 입성을 앞두고 있는 이스라엘뿐만 아니라 오늘을 살아가는 우리 역시 깊이 유념해야 할 사실입니다.

우상의 유혹은 참되고 유일한 신이신 하나님에 대한 믿음을 흔들리게 만들 정도로 매우 강력합니다. 이스라엘은 자신들이 애굽과 광야에서 경험했던 하나님의 은혜와 구원을 우상에게 마음이 빼앗겨 언제든지 저버릴 수 있었습니다. 그만큼 이방 신들과 온갖 우상은 매력적이었습니다. 가나안 땅은 하나님이 허락하신 약속의 땅이지만 그와 동시에 이스라엘이 몰랐던 '다른 신들'이 있는 곳이었습니다. 그리고 그 신들을 따르는 사람들과 그들이 만든 문화가 있는 곳이었습니다. 하나님은 이를 미리 아시고 자신의 신실한 종 모세를 통해 이스라엘에게 오직 하나님만을 섬기고 다른 신들을 두지 말 것을 강하게 경고하셨던 것입니다.

오늘을 살아가는 우리에게도 이와 같은 하나님의 경고는 동일하게 적용됩니다. 설령 우리가 그리스도로 말미암아 우리 자신의 죄로부터 구원받게 되었다고 하더라도 이 땅에 사는 동안 우리는 여전히 다른 신들의 유혹에서 자유로울 수 없습니다. 우리가 경험하는 세상의 문화와 생활 방식 모두가 이러한 '다른 신들'의 영향을 받아 형성되었기 때문입니다.

피조 세계에 속한
우상의 분명한 한계

오늘날 우리가 하나님을 믿는다고 하면서도 이 세상 신들의 유혹에 빠지는 이유는 우상의 친숙함에 있는 매력 때문입니다. 앞서 언급한 대로 다른 신들이 아무것도 아니고 허상일 뿐인 이유는 하나님을 거부하는 자들이 그것을 만들고 거기에 당시 신(神) 개념을 넣고 온갖 매력 있는 의미를 부여해 섬긴 것이기 때문입니다. 사람들은 자신들이 만든 그 허상의 신에 스스로 빠져들었습니다.

이스라엘 백성 역시 가나안 땅의 신들을 섬기는 자들이 만들어낸 문화와 생활 방식에 큰 매력을 느꼈고, 그 모든 것을 준다는 그들의 신들에 관심이 갔습니다. 이스라엘은 이방 신전들과 이방 신들을 섬기는 각종 제의들, 그리고 이제껏 경험해보지 못한 이방 신들의 다른 문화를 접하면서 가나안 사람들을 따라 이방 신들을 섬기면 풍요와 복을 누리게 되리라는 착각에 빠졌습니다.

이런 식의 우상 숭배는 지금도 마찬가지입니다. 우리의 문화 속에도 신이 아님에도 신처럼 추앙하는 수많은 우상이 존재합니다. 만일 누군가 우리 주변에 존재하는 우상을 좇다가 성공하면 많은 사람이 그의 성공 비결에 주목하기 시작합니다. 그리고 자신도 그 길을 따르면 성공할 수 있다는 유혹을 받습니다. 그러다 점차 더 큰 관심을 보이게 되고, 결국은 그 길을 택합니다. 분명히 우상은 아무 실체가 없지만, 인간의 눈에는 현실 속에서 대단한 성공과 행복을 가져다줄 것처럼 보입니다.

반면 하나님은 눈에 보이지 않습니다. 우상은 우리의 현실 가까이에 있어서 금방이라도 우리를 도와주고 실질적인 힘을 발휘해줄 것 같은데 반해, 하나님은 눈에 보이지도 손에 잡히지도 않습니다. 그래서 교회를 다니는 많은 사람이 자신의 마음에 더 실질적인 것처럼 여겨지는 어떤 것을 우상으로 두며 살아갑니다. 하나님께는 말씀에 따른 전인격적인 반응을 보여야 하지만, 우상은 내가 원한다면 아무 때나 붙들고 의지할 수 있다는 매력 때문에 더욱 이끌립니다.

따라서 일상 속에서 우상을 의지하는 일은 절대적으로 쉽고 편안한 일이 됩니다. 눈에 보이는 사람 관계, 일과 성공, 그리고 가장 현실적인 돈을 의지하는 일은 눈에 보이지 않는 하나님을 의지하는 것보다 더 쉽습니다. 그러나 하나님보다 더 마음을 쏟고 의지하는 그 모든 것은 '하나님 외에 다른 신들'에 해당되는 우상들입니다.

　이미 언급한 대로 하나님과 같은 신적인 실체라는 것은 존재하지 않습니다. 비록 사탄이 이 세상 신이 되어 각종 종교와 사람들의 마음에서 하나님처럼 행사하는 일이 있지만, 그 모든 것은 모조품에 지나지 않습니다. 따라서 우리가 하나님보다 의지하는 것들은 결코 신성의 영역에 있지 않은, 곧 피조물일 뿐입니다. 오직 하나님만이 신성의 영역에 존재하십니다. 하나님 외에 다른 모든 존재와 대상은 피조 세계를 벗어나지 않습니다. 그러므로 하나님 외에 다른 신들이란 인간이 만들어낸 피조 세계에 속하는 거짓 신들, 곧 아무것도 아닌 우상들입니다.

　이러한 맥락에서 사람들이 만들어낸 신들을 한번 살펴보십시오. 사람들은 하늘의 별과 달을 숭배하거나 특정한 동물이나 식물 혹은 자신들이 상상한 신을 형상으로 만들어 섬겼고, 하나님이 창조하신 영물들인 천사와 사탄도 섬겼습니다. 역사 속의 왕들 중에서는 느부갓네살이나 로마의 여러 황제들처럼 신을 자처하는 이들도 있었습니다. 그러나 지금까지 언급한 존재들은 모두 피조 세계에 속한 것들입니다. 뿐만 아니라 바울이 "탐심은 우상 숭배"(골 3:5)라고 말한 것처럼 자신의 탐심을 채우기 위해 하나님을 대신해 갈망하는 대상들 역시 피조물이 아닌 것이 없습니다.

　그러므로 우리가 하나님 외에 다른 신들, 곧 모든 우상을 의지하는 것은 허상을 붙잡는 것입니다. 그저 피조 세계에 종속된 것을 신으로 섬기는 것입니다. 그러나 피조물의 한계를 벗어나지 못하는 우상들에 대한 역사적 자료를 보십시오. 그 우상들은 우상들을 숭배하는 인간들처럼 허무한 종말을 맞았습니다. 역사 속에서 얼마나 많은 신과 우상이 생성되었다가 사라졌습니까? 실로 우상들은 우리에게 아무 소용이 없는 존재인 것입니다.

하나님 곁에
우상을 두는 이유

앞서 언급한 우상의 매력 외에 하나님의 백성으로 하여금 우상을 섬기도록 이끄는 또 다른 것들이 있습니다. 그것은 '하나님 외에는'이라는 말이 시사하는 어떤 내용입니다. 한글 성경을 보면 이 표현이 마치 '오직 하나님밖에'라는 한정적인 의미로 사용된 것 같습니다. 하지만 히브리어 성경에서는 이를 '내 옆에 나란히'라는 의미로 사용했습니다. 즉 이 표현은 '오직'이 아닌 '하나님 옆에 나란히'를 뜻해 하나님 곁에 다른 우상을 둘 수 있다는 의미입니다. 하나님은 우리가 온갖 우상을 하나님과 동등한 위치에 두고 섬길 것을 미리 염두에 두시고 이 계명을 명령하신 것입니다.

실제로 하나님의 백성에게 존재하는 커다란 유혹은 하나님을 믿는다고 하면서 다른 신들을 하나님 곁에 두고 동시에 섬기는 일입니다. 이스라엘 백성은 오랜 광야 생활 동안 살아 계신 하나님을 생생하게 경험했기에 차마 하나님을 부인할 수는 없었습니다. 하지만 가나안 사람들이 누리던 풍요를 소유하고 싶은 욕구 역시 포기할 수 없었습니다. 그래서 하나님 곁에 우상을 두고 함께 섬김으로써 또 다른 유익을 구했습니다.

이와 같은 이스라엘 백성의 태도는 오늘날 교회 안의 사람들에게서도 쉽게 찾아볼 수 있습니다. 사람들이 우상을 겸하여 섬기는 일반적인 이유는 힘겹고 복잡한 현실이 답답하기 때문입니다. 그러나 그들은 하나님을 부인할 수는 없기 때문에 가장 현실적인 도움을 줄 만한 가시적인 수단을 의지하고자 합니다. 이러한 방식으로 오늘날 많은 사람이 이스라엘이 가나안 땅의 우상들을 하나님과 더불어 섬겼던 전철을 밟습니다.

게다가 하나님 외에 다른 신들은 수용력을 지니고 있는데, 그 이유는 우상들은 하나님이 그분의 백성에게 거룩을 요구하시는 것과 달리, 포용성을 핵심 가치로 삼기 때문입니다. 이러한 우상의 특징 때문에 한 사람이 우상을 섬기게 되면 포용성이라는 미명 아래 옳고 그름을 따지는 일을 지양하게 되고, 좋고 유익이 될 만한 것들은 가감 없이 수용하게 됩니다. 그래서 이 시대 정신에 영향을 받은 현대의 교회들은 하나님도 믿고 다른 종교의 신도 인정하는 것이 편협하지 않은 태도라고 주장합니다. 또한 이 논리를 따르는 교회 안의 사람들은 하나님을 믿으면서 점도 치고, 세상 사람과 돈을 거리낌없이 의지하는 삶을 살게 됩니다.

그러나 이 모든 것은 하나님 곁에 다른 신들을 두는 행위입니다. 오늘날 교회 안에 의외로 많은 신자가 그런 식으로 제1계명을 범하고 있습니다. 배교와 같은 중대한 사건 속에서 우상을 두어 섬기는 것이 아니라 우리의 일상 속에서 그와 같이 우상을 섬김으로써 제1계명을 범합니다.

너희 자신을 지켜
우상에게서 멀리하라

그러나 제1계명은 모든 것의 시작입니다. 만약 신자가 제1계명을 범하게 되면 그의 신앙과 삶은 매우 심각하게 왜곡되고 뒤틀려 영적 혼합주의에 빠지게 됩니다. 뿐만 아니라 우상을 품게 되면 모든 죄악의 뿌리를 마음 밭에 내리는 것과 같아서 각종 죄의 열매를 맺게 되고, 그 결과 자기 자신이 망가지는 것은 물론이고 죄로 인한 하나님의 징계와 심판을 피할 수 없게 됩니다.

무엇보다 우상을 섬긴다는 것 자체는 결국 '하나님 외에 다른 신들'을 섬기는 것과 같아서 사실상 하나님을 섬기지 않았다는 결론에 이르게 됩니다. 예수님은 "나와 함께 아니하는 자는 나를 반대하는 자요 나와 함께 모으지 아니하는 자는 헤치는 자니라"(마 12:30)라고 말씀하셨습니다. 즉 예수님과 함께하지 않는 자는 곧 예수님을 반대하는 자라는 뜻입니다. 주님의 말씀대로, 하나님을 섬기는 일에 있어서는 중립 지대가 존재하지 않습니다. 누군가를 섬긴다는 것은 곧 자기 마음의 주인을 누구로 할 것인지를 결정하는 것과 동일한 의미이기 때문입니다.

우리에게는 하나님을 섬기거나 혹은 그 외의 다른 신들을 섬기거나 하는 단 2개의 선택지만 존재합니다. 갈멜산의 엘리야도 "여호와가 만일 하나님이면 그를 따르고 바알이 만일 하나님이면 그를 따를지니라"(왕상 18:21)라고 말하며 하나님과 다른 신들은 도저히 함께할 수 없음을 확고하게 선포했습니다.

그럼에도 구약시대부터 오늘에 이르기까지 하나님을 믿는다고 하면서도 우상을 함께 섬기려는 사람들이 계속 존재해왔습니다. 하지만 이는 성경이 말하는 신앙이 아닙니다. 그저 자신의 기대와 목적, 욕구를 따라 가진 거짓 신앙입니다.

고통스러운 작업이겠지만, 우리는 하나님 외에 어떤 다른 신들을 두고 있는지 깊이 살펴 그 우상들을 분별해내야 합니다. 그렇지 않으면 신앙생활의 모든 것이 뒤엉킵니다. 하나님의 자녀요, 백성으로서 누려야 하는 본연의 삶, 하나님과의 교제 속에서 누릴 수 있는 충만한 복과 은혜를 알지 못한 채 헛되고 거짓된 위로를 우상에게서 찾다가 이내 허망함을 경험하게 될 것입니다.

사도 요한은 힘겹게 믿음을 지키며 살아가는 1세기 성도들에게 "또 아는 것은 우리는 하나님께 속하고 온 세상은 악한 자 안에 처한 것이며"(요일 5:19)라고 말했습니다. 그는 매우 힘든 현실 속에서도 자신이 하나님께 속했고, 세상은 악한 자에게 속했음을 알고 있었습니다. 이는 요한뿐만 아니라 우리도 동일하게 소유하고 있는 신앙의 중요한 내용입니다.

그는 이어서 "또 아는 것은 하나님의 아들이 이르러 우리에게 지각을 주사 우리로 참된 자를 알게 하신 것과 또한 우리가 참된 자 곧 그의 아들 예수 그리스도 안에 있는 것이니 그는 참 하나님이시요 영생이시라"(요일 5:20)라고 증언했습니다. 요한의 증언처럼, 신자는 하나님께 속했을 뿐만 아니라, 참 하나님이시요 영생이신 그리스도 안에 거하는 존재입니다. 이와 같은 요한일서의 결론은 신자인 우리에게 큰 위로를 줍니다.

그러나 요한은 마지막으로 한 문장을 덧붙였습니다.

"자녀들아 너희 자신을 지켜 우상에게서 멀리하라"(요일 5:21).

놀랍게도 요한은 하나님의 자녀들을 향해 우상을 경고했습니다. 혹자는 이러한 그의 결론을 다소 의아하게 생각할 수도 있습니다. 실제로 많은 사람이 이 서신의 결론을 그리 주목하지 않습니다. 오히려 요한이 앞서 강조했던 복된 사실, 곧 "우리는 하나님께 속하고"(요일 5:19), "우리가 참된 자 곧 그의 아들 예수 그리스도 안에 있는 것이니"(요일 5:20)라는 말씀에 시선을 고정할 것입니다.

그러나 이제부터 우리는 사도 요한의 마지막 당부를 진지하게 생각해야 합니다. 자신이 하나님께 속하고 예수 그리스도 안에서 영생을 얻은 자가 확실하다면 이 결론을 더 주목해야 합니다. 자신이 우상을 두고 섬기지는 않는지, 우상을 통해 자신의 욕구를 채우며 살지는 않는지, 그러면서 동시에 하나님께 나름의 신앙의 태도를 취하지는 않는지 돌아봐야 합니다. 최종적으로는 우상에게서 나를 지키며 모든 것의 시작인 제1계명을 잘 준수하는지 생각해봐야 합니다.

다음의 질문을 자신에게 던져보십시오. "제1계명을 제대로 지키고 있습니까? 자신의 신앙과 삶에 있어서 제1계명을 지킴으로 하나님과의 관계에서 온전합니까? 특별히 제1계명을 잘 지킴으로 은혜와 복을 경험하고 있습니까?"

이 질문에 정확히 답하고 싶다면 현재 자신이 바라고 꿈꾸는 것에 대해 어떤 반응을 나타내는지 자세히 살펴봐야 합니다. 또 자신의 갈망과 미래의 계획 등을 어떻게 다루고 있는지도 확인해야 합니다. 안전에 대한 갈망, 사랑에 대한 욕구, 행복에 대한 추구 등 현재 자신의 신앙과 삶에 결부되어 있는 모든 것을 펼쳐놓고 스스로 답해보십시오.

어떤 사람은 "나는 신앙생활을 통해 그런 것들을 잘 극복하고 있다"고 말할지도 모릅니다. 그러나 자신의 신앙 행위를 주목하며 성급하게 결론을 내리지 말고 생각해보십시오. 우리는 얼마든지 기독교적인 신앙 행위를 하면서도 우상을 섬길 수 있습니다. 어떤 사람은 청교도 신앙을 추구한다는 사실을 근거로 자신의 신앙에 정당성을 부여하려 합니다. 또 어떤 사람은 자신이 성경을 많이 알고 있다는 사실을 들어 다른 사람들보다 더 나은 신앙을 갖고 있다고 확신합니다.

그러나 그런 것들로 우리의 중심을 포장하려 해서는 안 됩니다. 현재 자신이 신앙의 열심을 내고 있다면 그 동기가 무엇인지 진실하게 돌아봐야 합니다. 그리고 그 열심 가운데 하나님 외에 다른 우상을 두고 있지는 않은지 확인해야만 합니다.

그동안 우상의 심각성을 모른 채 지내왔다면 이제부터라도 자신을 살펴보십시오. 만일 하나님 곁에 다른 우상을 두고 섬기고 있다면, 그는 혼합주의 신앙을 갖게 되며 하나님 앞에 위선자로 서게 될 것입니다. 또한 성경이 약속하는 복이 아닌 다른 것들을 복으로 여기며 착각 속에 살아갈 것입니다.

마음에서부터
지켜야 하는 제1계명

혹자는 이러한 신앙의 검토를 매우 불편하게 생각할 것입니다. "꼭 그렇게 예수를 믿어야 하는가?"라고 묻고 싶을지도 모릅니다. 만일 지금 다루는 내용이 불필요하다고 생각된다면 성경에서 우상과 관련된 말씀을 모두 제거해보십시오. 그러면 성경의 많은 부분이 찢겨져 나가야 한다는 사실을 곧 발견하게 될 것입니다.

하나님은 성경 전반에 걸쳐 우상과 관련된 많은 말씀을 하셨습니다. 우리는 그 사실을 통해 다음과 같은 결론을 내릴 수 있습니다. 그것은 바로 신자로 부르심을 받은 사람은 하나님 앞에 설 때까지 제1계명을 지키기 위해 경성하며 믿음의 싸움을 싸워야 한다는 것입니다. 이러한 하나님의 뜻을 아는 사람이라면 부단히 자신을 점검해야 합니다. 성경이 우리에게 요구하는 자기 점검의 기준은 표면적 신앙의 행위 정도에 머물지 않습니다. 거기서 더 나아가 마음에서부터 계명을 지키는가를 묻습니다. 그러므로 우리는 자신의 마음에 어떤 우상이 있는지 진지하게 살펴봐야 합니다. 하나님 곁에 나란히 두고 섬기고 있는 우상이 있는지, 그것이 무엇인지 확인해야만 합니다.

우상은 외딴곳에 존재하지 않습니다. 우상은 언제나 우리 마음에 자리하고 있습니다. 그래서 엘리제 피츠패트릭(Elyse Fitzpatrick)은 다음과 같이 말했습니다.

> "사람의 우상은 단순한 석상이 아니라 하나님 대신에 섬기는 생각, 욕구, 바람, 기대이다. 그러므로 진실한 하나님을 버리고 좇는 자기중심의 필요, 그것이 바로 우상이다. 자기중심의 필요가 바로 우상이다."[2]

우리는 특정 형태를 띠는 것만 우상으로 여겨서는 안 됩니다. 우상은 가장 먼저 사람의 마음에서부터 시작됩니다. 바울은 그 실체를 "탐심"(골 3:5)으로 설명했고, 에스겔 선지자는 이스라엘 장로들이 "자기 우상을 마음에 들이며"(겔 14:7)라고 말하며 고발했습니다. 그러므로 우리는 제1계명을 어디서부터 범하고 있는지 생각해봐야 합니다. 마음에서부터 시작된 모든 추구와 바람, 기대뿐만 아니라 실제 자신에게서 발견되는 행위에 이르기까지 우리의 삶 전반을 돌아봐야 합니다.

제1계명을 지키는 일이 쉬웠다면 하나님은 이 계명을 가장 먼저 말씀하시지 않았을 것입니다. 즉 눈에 보이는 우상을 섬기지 않는 정도로 제1계명을 지킬 수 있었다면 하나님은 이 계명을 다른 계명에 덧붙이는 정도로 말씀하셨을 것입니다. 그러나 제1계명은 우리의 마음과 직결되어 있습니다. 우리 마음의 모든 추구와 갈망, 기대와 욕망 등이 다양한 우상을 만들어내는 것입니다. 그래서 하나님은 마음에서부터 다루어야 하는 이 계명을 다른 계명보다 먼저 말씀하심으로 강조하신 것입니다.

누구도 예외가 될 수 없는 우상 숭배

그러므로 제1계명을 범하는 문제는 어린아이들도 예외가 될 수 없습니다. 인형, 장난감 등을 자신의 우상으로 삼을 수 있기 때문입니다. 또한 청소년들도 하나님께로부터 오는 위로를 구하지 않고 스마트폰과 게임 등을 자신의 우상으로 여길 수 있습니다. 청년들은 이성에 대한 욕구와 사랑에 대한 추구, 성(sex)에 대한 열망 등에 온통 마음이 뺏길 수 있습니다. 가정을 이룬 사람들에게는 사랑하는 배우자, 자녀가 우상이 될 수 있습니다. 또한 물질에 대한 탐욕을 우상으로 삼은 사람들도 있습니다. 이처럼 우상은 모든 영역, 모든 대상에게서 나타날 수 있습니다. 그래서 피트 윌슨(Pete Wilson)은 우상에 대해 이렇게 말했습니다.

"하나님만이 주실 수 있는 것을 그분의 힘과 권위를 갖지 못한 무언가에 의해서 찾는 것, 이것이 바로 우상이다."[3]

예를 들어, 하나님께만 구해야 할 것을 성공, 사랑, 재산, 가족 등에게서 기대한다면 그 모든 것은 우상이 된다는 것입니다. 윌슨은 이어서 "우리가 갈망하는 의미와 안정감과 안위와 성취감을 가져다줄 수 있다고 믿고 매달리는 것 또한 마찬가지다"[4]라고 말했습니다. 우리의 마음에서부터 하나님 대신 신뢰하고, 의지하며, 사랑하는 모든 것이 다 우리에게 우상이 될 수 있다는 뜻입니다. 그래서 마이클 모리아티(Michael G. Moriarty)는 "우상이란 피조물 가운데 높아져서 하나님을 대체하는 역할을 하는 것이다. …[우상은] 집이나 자동차나 돈 같은 물질에서부터 동상, 쾌락이나 취미에 이르기까지 모든 것이 될 수 있다"[5]고 말했습니다.

이상을 종합해볼 때 우리는 왜 하나님이 "너는 나 외에는 다른 신들을 네게 두지 말라"(출 20:3)라고 말씀하셨는지 깨닫게 됩니다. 하나님 안에서 누려야 할 만족을 다른 것들에서 찾게 되면 그 모든 것이 우상이 되기 때문입니다. 하나님을 최고로 여기지 않는 사람에게 하나님은 껍데기에 불과합니다. 그는 하나님을 우습게 여기고, 하나님 앞에서 위선하게 됩니다.

우리는 우상의 심각성을 깨달아야 합니다. 그리고 자신에게 있어서 하나님이 어떤 위치에 존재하시는지 돌아봐야 합니다. 혹시 마음에서부터 시작해 삶의 모든 영역에 이르기까지 하나님과 견줄 만한 어떤 대상을 두어 의지하지는 않는지 면밀히 살펴봐야 합니다.

종교개혁자 마르틴 루터(Martin Luther)는 "당신의 마음이 매달리고 의지하는 것이 무엇이든지 바로 그것이 당신의 하나님이다. …마음의 신뢰와 믿음이 하나님도 만들고 우상도 만든다"[6]라고 말했습니다. 그런 점에서 우리는 우리가 매달리고 의지하는 대상이 무엇인지 확인해야 합니다.

또 한 번 다음 질문을 스스로에게 던져보십시오. "현재 실질적인 면에서 하나님보다 더 마음을 쏟고 있는 것이 무엇입니까?"

하나님보다 게임이나 스마트폰에 더 몰두하고 있습니까? 공부와 성공에 집착하고 있습니까? 사랑과 결혼에 매달리고 있습니까? 그렇다면 그 모든 것은 우상입니다.

혹시 하나님보다 육아와 아이의 교육에 더 마음이 뺏겼습니까? 자녀 또한 우리의 우상이 될 수 있습니다. 한 대형 교회의 경우, 산모들이 출산 후 대략 3-6개월 정도 교회에 나오지 않는다고 합니다. 아이의 건강 때문입니다. 아이의 건강을 위해서라면 하나님 앞에 나오지 않는 것을 당연하게 여긴다는 것입니다. 이 시대의 부모들은 그것이 아이를 위한 당연한 결정이라고 생각할지 모르겠습니다. 그러나 결코 그렇지 않습니다. 그것은 아이가 하나님보다 우선이 되었기 때문에 내린 결정입니다. 즉 그들은 하나님 곁에 아이라는 우상을 두고 섬기고 있는 것입니다.

또한 하나님보다 부동산과 재테크에 더 열을 올리고 있습니까? 가족의 안정과 미래를 위해 염려하고 있습니까? 현재 자신의 마음이 하나님보다 더 매달리고 있는 대상이 무엇인지 명확하게 인식해야 합니다. 그것이 하나님이 아니라면 그 모든 것은 우상에 불과합니다. 만일 이러한 우상을 마음에 품은 채 교회를 다니고 있다면 하나님을 믿는다고 하면서 바알과 아세라를 섬긴 이스라엘 백성과 동일한 상태에 빠져 있다는 사실을 깨달아야 합니다.

하나님이 아닌 다른 것에서 행복을 찾는 행위는 실상 인간의 본질을 상실한 것입니다. 왜냐하면 인간은 본래 하나님 안에서 행복을 찾는 존재로 창조되었기 때문입니다. 그래서 하나님 밖에서 행복을 찾는 행위는 모두 우상 숭배가 됩니다. 우상은 하나님을 제외하고 내가 사랑하려는 대상과 밀접하게 연관되어 있습니다.

그러므로 우리는 하나님 안에서 사랑을 추구하는 것과 하나님 밖에서 사랑을 추구하는 것을 엄밀하게 구분해야 합니다. 이 둘은 완전히 상반됩니다. 전자는 하나님을 최고의 사랑의 대상으로 삼는 것이고, 후자는 하나님을 이차적 사랑의 대상으로 여기는 것입니다. 그래서 만일 하나님을 뒤로하고 가족, 돈, 성취 등을 사랑한다면 그것은 모두 하나님 밖에서 사랑을 추구하는 것이고, 우상을 숭배하는 일입니다.

모든 죄를 촉발하는
우상 숭배

그런 우상들은 사람들로부터 받는 최고의 지지와 사랑을 토대로 사람들을 지배합니다. 그 결과 우상 숭배자들은 우상에 이끌려 죄를 범하게 됩니다. 우상을 사랑하는 자들은 자신의 사랑을 지키기 위해서 모든 수단을 동원합니다. 방어와 공격, 거부, 교만, 혈기 등을 나타냅니다. 그 과정에서 제2계명에서부터 제10계명까지의 모든 죄가 복합적으로 표출됩니다. 마치 솔로몬왕이 이방 여인들을 아내로 맞아들였을 때 온갖 죄를 범했던 것과 동일한 현상이 발생하는 것입니다.

　우상 숭배가 맺는 열매는 동일합니다. 그것은 게임이든, 사랑이든, 물질이든, 자녀든 상관없이 우상을 지키기 위해 더 많은 죄를 짓도록 하는 것입니다. 그 누구도 우상을 섬기면서 거룩함을 드러내지는 않습니다. 게임을 우상으로 삼은 자녀를 생각해보십시오. 자녀는 게임을 하기 위해 부모를 속입니다. 또 게임을 못하게 하는 부모에게 반항합니다. 자신의 혈기를 분출하고 자신을 방어합니다. 게임이라는 우상이 일련의 죄를 지속적으로 범하도록 그의 중심을 촉발하는 것입니다.

　이런 과정이 반복되면 우상 숭배를 지적하는 말씀까지도 거부하기에 이릅니다. 말씀뿐만 아니라 그 설교를 하는 설교자까지 미워하게 됩니다. 그는 거기서 그치지 아니하고 자기 죄의 정당성을 확보하기 위해 불철주야 다른 것들을 찾아 헤맵니다. 심지어는 자신의 거짓된 생각을 변호하기 위해 하나님의 말씀까지 이용합니다.

　만일 공부와 취업을 우상으로 삼았다면 그 우상을 지키기 위해 온갖 합리화와 자기변명을 시도할 것입니다. 또 자식을 우상으로 둔 부모라면 자식 사랑에 대한 온갖 방어막을 치며 마음의 죄를 짓게 될 것입니다. 물질과 성공의 우상을 둔 사람이라면, 그는 우상을 지키기 위해 속임과 거짓을 반복하며, 때로는 하나님까지 이용하려 할 것입니다. 그래서 카일 아이들먼(Kyle Idleman)은 다음과 같이 말했습니다.

"우상 숭배는 많은 죄 가운데 하나가 아니다. 그것은 모든 죄를 낳는 큰 죄이다. 따라서 지금 당신이 무슨 죄와 싸우고 있든지 그 표면을 조금 긁어보면 결국 그 안에 거짓 신이 있다는 것을 깨닫게 될 것이다."[7]

그의 말에 따르면, 한 사람의 죄의 이면에는 우상이 있습니다. 교회 안에서 열심을 내는 사람도 예외는 아닙니다. 기독교의 옷을 입고 얼마든지 다른 우상을 섬길 수 있습니다. 외형상으로는 신앙의 열심을 내는 것 같지만, 그는 기독교의 옷으로 가려놓은 자신의 우상을 지키기 위해 연쇄적으로 죄를 범할 수 있습니다.

그러므로 우리는 하나님을 뒤로하고 매달리고 있는 대상이 있는지 자세히 살펴야 합니다. 혹시 우상을 지키기 위해서 스스로 많은 죄를 용인하고 있지는 않은지 돌아봐야 합니다. 만일 하나님을 제쳐두고 의지하는 것이 있다면 그는 우상을 지키기 위해 더 많은 죄를 범하고 있을 것입니다.

우리는 모든 것의 시작인 제1계명을 범하면 우리의 신앙과 삶의 전반이 죄로 뒤엉키게 된다는 사실을 기억해야 합니다. 또한 하나님과의 관계 속에서 누려야 할 복을 경험할 수 없음을 유념해야 합니다. 우리는 자신의 마음 깊이 숨겨둔 다른 신들을 찾아 그리스도의 십자가 앞에 내어놓아야 합니다. 그리고 하나님을 제대로 믿고자 해야 합니다.

가장 귀하신
예수 그리스도

하나님은 하나님 외에 그 어떤 신들도 두지 말라고 명령하셨습니다. 그리고 하나님은 질투하시는 하나님이라고 말씀하셨습니다. 하나님은 사람이 하나님 외에 다른 신들을 사랑하는 것을 싫어하십니다. 그래서 하나님을 미워하는 자들에게 죄를 갚으시고 고난도 허락하십니다. 제1계명을 지키지 않으면서 하나님을 사랑한다고 말하는 것은 위선이자 거짓입니다. 특별히 하나님의 은혜로 구원받았다고 하면서 제1계명을 지키지 않는 사람은 하나님을 희롱하고 멸시하는 자입니다.

제1계명에는 우리의 신앙과 삶의 모든 것이 달려 있습니다. 만일 여기에서 어긋난다면 우리의 모든 것은 빗나가게 될 것입니다. 반면에 제1계명을 잘 지킨다면 우리는 하나님과의 관계에서 부요함을 누릴 수 있습니다. 오직 하나님 안에서 만족하며 사는 것이 무엇인지를 경험하게 될 것입니다.

바울은 빌립보서 3장에서 자신과 예수님의 놀라운 관계에 대해 서술했습니다. 그에게 예수 그리스도는 그 누구도 대신할 수 없는 유일한 분이셨습니다. 그래서 그는 그리스도를 위해 과거에 자신이 누려왔던 모든 것을 해로 여겼습니다(빌 3:7). 학벌, 지식, 성공, 안정, 물질, 특권 등 예수 그리스도를 섬기는 데 방해가 될 모든 것을 해로 여겼습니다. 이때 '해로 여기다'라는 말이 과거시제로 쓰였습니다. 예수 그리스도를 만난 이후로 이미 모든 것을 배설물로 여기게 되었다고 고백한 것입니다.

바울의 고백은 여기서 그치지 않았습니다. 그는 이어서 "또한 모든 것을 해로 여김은"(빌 3:8)이라고 말했습니다. 여기서는 현재시제를 사용했습니다. 저는 헬라어 원문을 관찰하면서 이 사실을 발견하고 큰 충격을 받았습니다. 그리고 이렇게 묻지 않을 수 없었습니다. '도대체 이 사람이 만난 예수는 누구인가? 이 사람이 생각한 예수를 나도 생각하고 있는가? 내게서 예수 그리스도는 이 사람이 생각한 만큼의 가치가 있는가?'

바울은 현재시제를 통해 자신의 바람을 나타냈습니다. 그가 현재적으로 간절히 바라는 것은 바로 예수 그리스도를 아는 것이었습니다. 그 이유는 예수 그리스도를 아는 지식이 가장 고상하기 때문이었습니다. 예수 그리스도와의 관계가 그에게는 전부였습니다. 그는 예수 그리스도와 경쟁이 될 만한 모든 것을 제거했습니다. 그는 '다른 신들'에 해당할 것들을 모두 버리고자 한 것입니다. 바울은 하나님과의 관계, 그리스도와의 관계를 대신할 것은 아무것도 존재하지 않으며, 그 사이에 어떤 것도 끼어들 수 없다는 사실을 확신했습니다.

클라우디라는 사람은 "우리 마음속에 예수 그리스도를 대신하는 자리가 있다면 그것이 바로 우상이다"라고 말했습니다. 그리스도를 대신하는 자리에 있는 모든 것은 우상이라는 의미입니다. 어떤 사람은 이런 말을 들으면 광신자 같다고 평가할지도 모릅니다. 그러나 그렇게 생각하는 사람은 아직도 예수 그리스도가 얼마나 귀한 분이신지를 전혀 모르는 자입니다. 또한 하나님이 얼마나 영광스러우신지 알지 못하는 것입니다.

바울은 그 사실을 명확하게 알고 있었기 때문에 예수 그리스도를 위해 모든 것을 해로 여겼습니다. 그 어떤 것도 허용하지 않았습니다. 이 고백을 할 당시 그는 감옥에 갇혀 있었습니다. 그는 죽음 앞에서도 제1계명을 철저하게 지켰습니다.

우상을 버리고
참된 복으로 돌아오라

우리도 이 말씀 앞에서 다시 한 번 자신을 살펴야 합니다. 진실로 우리의 마음과 삶 속에 예수 그리스도를 대신하는 다른 무엇을 두고 있지는 않은지 확인해야 합니다. 또한 처음 예수를 믿을 때뿐만 아니라, 바울처럼 지속적으로 하나님을 대신하거나 그분과 경쟁이 될 만한 모든 것을 해로 여기고 있는지 물어야 합니다.

우리 마음속에서 하나님과 경쟁하고 있는 대상이 무엇인지 살펴보십시오. 우리도 바울처럼 모든 것을 해로 여김으로써 예수 그리스도 곁에 그 어느 것도 일체 두지 않으려고 하는지 돌이켜보십시오. 이 일에 대해 철저하게 점검하고 반응하는 사람이 진정 제1계명을 지키는 자입니다.

우리는 진실로 제1계명을 온전히 지킴으로써 하나님이 허락하신 복을 풍성히 누리기를 구해야 합니다. 우상을 버리는 일은 결코 쉽지 않습니다. 우상이 가진 강력한 매력 때문에 우리는 이 일을 가볍게 처리하기가 어렵습니다. 그러므로 먼저 제1계명을 제대로 지키기 위해 자신이 하나님 곁에 둔 우상이 무엇인지를 철저히 확인하십시오. 말씀에 비추어서 그 일을 지체 없이 진행하십시오.

그리고 자신 안에서 우상을 발견하게 된다면 소스라치게 놀라야만 합니다. 우상 숭배의 끝은 징계와 심판입니다. 성경은 그 사실을 증거하고 있습니다. 하나님 곁에 우상을 두는 사람은 사실상 하나님을 믿는 것이 아닙니다. 그는 신자다운 사람도 아닐 뿐만 아니라, 신자가 누리는 복도 누리지 못합니다. 더욱이 그는 우상 숭배의 삶으로 그리스도의 십자가 은혜를 욕되게 하며 하나님을 멸시하게 됩니다.

그러므로 먼저 자신에게 있는 우상을 발견하고 자신의 심각한 상태를 절감해야 합니다. 그리고 반드시 진실한 회개로 나아가야 합니다. 우상을 발견하고도 놀라지 않는 사람은 결코 참된 회개로 나아갈 수 없습니다. 회개하지 않는 사람은 절대로 우상 숭배에서 벗어날 수 없습니다. 오히려 우상 숭배를 고집하며 자신을 합리화할 것입니다.

우리는 우상이 제공하는 가짜 복에 도취되지 말고, 제1계명을 지키는 자에게 허락된 참된 복 아래에서 살고자 해야 합니다. 성경이 선명하게 약속하는 바를 믿고 나아가야 합니다. 지금까지 살펴본 우상의 정의를 토대로 자신을 면밀히 점검하고 진실한 회개로 나아가기를 구해야 합니다. 제1계명을 지키는 자에게 주어지는 최고의 복을 경험적으로 알고 누릴 수 있기를 바랍니다.

03

우상의
본질적 속성

"하나님이 자기 형상 곧 하나님의 형상대로 사람을 창조하시되 남자와 여자를 창조하시고" _ 창 1:27.

"너희가 그것을 먹는 날에는 너희 눈이 밝아져 하나님과 같이 되어 선악을 알 줄 하나님이 아심이니라" _ 창 3:5.

제1계명의 의미와 하나님이 그 계명을 주신 배경에 대해 살펴보았습니다. 제1계명의 '나 외에'라는 말은 '내 곁에', 곧 '하나님 곁에'라는 의미로도 이해할 수 있습니다. 성경은 하나님 곁에 특정 대상을 둠으로 하나님과 경쟁 관계를 만드는 행위를 우상 숭배로 규정합니다. 이러한 배경을 염두에 두고, 이제는 우상의 근원을 살피고자 합니다. 우상의 시작과 관련해 창세기 1장 27절과 3장 5절은 중요한 사실을 말해줍니다.

우상 숭배의 근본적인 원인을 아는가?

먼저 질문을 해보겠습니다. "사람들은 왜 우상을 만들었을까요? 그리고 언제부터 우상을 만들기 시작했을까요?" 이 질문에 대한 보편적인 대답은 사람들의 한계와 연약함 때문에 종교가 시작되었다는 것입니다. 진화론자, 종교학자, 철학자 등이 주로 이런 견해를 피력합니다. 그들은 무력한 인간이 자신을 압도하는 존재를 만나게 되었을 때 두려움에 사로잡혔고, 안전을 제공할 대상을 찾기 시작한 것이 종교의 기원이라고 설명합니다. 그러나 이러한 견해는 종교를 추구하는 사람들의 감정에 주목한 것일 뿐 기원 자체를 설명하지는 못합니다.

실제로 지난 역사 속에서 인간은 자신의 연약함을 극복하기 위해 우상을 만들었습니다. 그리고 지금도 동일한 목적으로 사람들이 우상을 따르고 있습니다. 인생을 살다가 심각한 질병에 걸릴 때, 극복하기 어려운 상황에 직면할 때, 무언가를 간절히 바라고 소망할 때, 또는 예측할 수 없는 미래에 대한 불안에 휩싸일 때 사람들은 신을 찾습니다.

특히 천재지변과 같은 자연 현상은 오랜 시간 동안 인간에게 두려움의 대상이었습니다. 그래서 멕시코의 마야족은 비가 내리지 않아 황폐해진 땅에서 그들을 지켜줄 신을 찾기 시작했습니다. 그들은 하늘에서 내리는 빗줄기와 뱀의 모양이 유사하다는 점에 착안해 뱀을 형상화했습니다. 그리고 마을 곳곳에 뱀 조각상을 걸어두고 신으로 모셨습니다. 그렇게 하면 뱀의 신이 감동해 비를 내려줄 것이라고 믿었기 때문입니다.

몇 해 전 우리나라의 한 동네에서도 비슷한 일이 있었습니다. 강원도 지역에 100여 년 만에 극심한 가뭄이 들자 어떤 사람들이 기우제를 드린 것입니다. 21세기에 웬 기우제냐고 생각할지 모르지만, 그들은 한 해의 농사가 흉작으로 끝날 수도 있다는 절박함 때문에 오래전 조상들이 믿던 신을 다시 불러냈습니다. 이 시대는 기우제가 정말 비를 내려줄 것이라고 믿지 않는 듯 보이지만, 아이러니하게도 두려움 앞에서는 돼지머리에게 절하기를 마다하지 않는 양면성을 드러내고 있습니다.

이처럼 시대를 초월해 인간의 한계와 연약함은 우상을 만들어 섬기는 원인이 됩니다. 그러나 이것은 어디까지나 하나의 이유일 뿐입니다. 인간의 연약함과 공포심 때문에 종교가 시작되었다고 주장하는 사람들은 종교를 붙드는 사람들의 심리를 통찰하기는 했지만, 정작 종교의 기원에 대해서는 만족할 만한 답변을 내놓지 못하고 있습니다.

- **타락으로 인해 손상된 종교심**

시대와 장소, 문화를 불문하고 우상이 존재하는 이유는 따로 있습니다. 성경은 그 원인이 인간의 창조와 타락이라고 선언합니다. 이에 대해 어떤 사람은 사탄이 우상을 만드는 일에 일조하지 않았냐고 물을지도 모릅니다. 분명 사탄은 하나님 외에 다른 신들을 향해 눈을 돌리도록 조장한 존재가 맞지만, 성경은 우상을 따르는 일의 책임을 사탄이 아닌 사람에게서 찾고 있습니다. 그러므로 우리는 성경이 말하는 대로 다른 신들을 섬기는 원인을 우리 자신에게서 발견해야 합니다.

그렇다면 성경이 말하는 구체적인 이유는 무엇일까요? 창세기 1장은 최초의 사람 아담과 하와가 하나님의 형상으로 창조되었다고 말합니다. 이는 사람은 오직 하나님과의 교제 속에서만 기뻐하고 만족하는 존재로 형성되었음을 의미합니다. 그래서 하나님을 찾고 구하는 것을 본성으로 지닌 인간은 오직 하나님 안에서만 안식할 수 있습니다. 반면, 하나님을 믿기 전의 인간은 하나님이 아닌 다른 안식처를 찾아 헤맵니다. 내면의 갈망을 다른 신들을 통해 채우려 하는 것입니다.

바울은 이러한 인간의 성향을 '종교심'으로 표현했습니다. 그는 온갖 우상을 섬기는 아덴 사람들에게 '종교심이 많다'는 사실을 발견했습니다(행 17:22). 또 불의로 진리를 막는 사람들에 대해서는 "하나님을 알 만한 것"(롬 1:19)을 하나님이 그들에게 보이셨다고 말했습니다. 종교개혁자 존 칼빈(John Calvin)은 이러한 인간의 종교심을 '신 지식'이라고 설명하기도 했습니다. 표현만 다를 뿐 모두 인간에게 내재된 하나님을 향한 마음을 가리킵니다.

그래서 하나님의 형상인 인간은 평생 하나님을 추구합니다. 아무리 타락한 상태라 할지라도 인간이 하나님의 형상이라는 사실에는 변함이 없어서 끊임없이 하나님을 찾고자 합니다. 다만 인간에게 내재된 종교심은 아담의 타락 이후 그 방향이 왜곡되어 하나님이 아닌 다른 신들을 섬기는 것으로 변질되었습니다. 이것이 바로 온 세상에 각종 우상이 존재하게 된 근원적인 이유입니다.

바울은 이러한 모습을 가리켜 "하나님을 알되 하나님을 영화롭게도 아니하며 감사하지도 아니하고 오히려 그 생각이 허망하여지며 미련한 마음이 어두워졌나니"(롬 1:21)라고 설명했습니다. 특별히 하나님을 영화롭게 하지 않는 사람은 바울이 뒤이어 말한 바대로 "썩어지지 아니하는 하나님의 영광을 썩어질 사람과 새와 짐승과 기어 다니는 동물 모양의 우상으로"(롬 1:23) 바꾸어버립니다.

여기서 우리가 주목할 점은 하나님을 영화롭게 하지 않는 사람들의 결과입니다. 그들의 행동은 하나님을 영화롭게 하지 않는 수준에서 끝나지 않습니다. 하나님의 영광을 헛된 우상으로 대체하는 결과로 나아갑니다. 그래서 지난 역사 속에는 인간이 만들어낸 수많은 우상이 존재했습니다. 그리고 그 일은 지금도 지속되고 있습니다.

이 문제를 객관적으로 생각해보십시오. 지금까지 우상을 잠시라도 떠나지 못했던 인간의 지난 역사를 돌이켜보면 '꼭 우상을 만들어야 했나?'라는 의문이 들지만, 안타깝게도 인간은 그 그늘에서 벗어날 수 없었습니다.

우리는 이 현상을 어떻게 설명해야 할까요? 시대와 민족, 지역과 문화를 초월해 나타나는 우상의 문제는 인간의 한계와 두려움만으로 설명될 수 없는, 다른 본질적인 원인이 있음을 암시합니다. 혹자가 주장하듯이 정말 인간의 두려움이 우상을 만들어냈다면 지난 역사 속에서 절대적 권위를 가진 황제나 용감한 장수들은 우상을 섬기지 않았을 것입니다. 그러나 그들도 예외 없이 모두 우상을 섬겼습니다.

우리는 우상의 배후를 표면적으로만 다루어서는 안 됩니다. 나타난 현상 너머에 있는 원인을 주목해야 합니다. 하나님의 형상인 인간이 우상을 만드는 이유는 하나님만을 바라고 의지하도록 창조된 인간에게 종교심이 내재되어 있기 때문입니다. 인간의 타락으로 인해 왜곡된 종교심은 천재지변이나 질병과 같은 불가항력적인 상황 앞에서 다른 신들을 숭배하는 모습으로 변질되었습니다.

인간은 이러한 종교심을 따라 주변에 존재하는 위엄 있는 대상들에게 자신의 연약함과 한계를 극복하게 해줄 것이라는 믿음을 투영해 각종 우상을 발전시켜왔습니다. 그래서 해의 신, 천둥과 번개의 신, 풍요의 신, 바다의 신, 전쟁의 신 등 온갖 신이 역사 속에 등장하게 되었습니다. 이처럼 사람들은 자신의 현실적인 필요를 채우기 위해 허망한 우상들을 앙망했습니다.

• 창조주의 지위를 탐낸 피조물의 욕망

인간이 우상을 만들어 섬기게 된 두 번째 근원적 이유는 아담과 하와가 사탄이 말했던 다른 신들에 대한 존재 가능성에 귀를 기울인 것입니다. 본래 에덴동산의 아담과 하와는 하나님 외에 다른 신들은 알지도, 생각하지도 못했습니다. 그럼에도 불구하고 그들은 사탄의 말을 듣고 다른 신들에 대해 생각하게 되었습니다.

여기서 우리가 주목해 볼 사실은 '사탄은 다른 신들을 전혀 알지 못하는 아담과 하와에게 무엇을 유혹했는가?'입니다. 사탄이 그들에게 약속한 것이 무엇인지를 보면 그 유혹의 실체를 파악할 수 있습니다. 먼저, 사탄은 아담과 하와를 유혹하기 위해 하나님의 명령을 교묘하게 바꿔 하와에게 질문했습니다.

"하나님이 참으로 너희에게 동산 모든 나무의 열매를 먹지 말라 하시더냐"(창 3:1).

이에 하와는 빈틈을 보이게 되었고, 사탄은 그 틈을 파고들어 "너희가 그것을 먹는 날에는 너희 눈이 밝아져 하나님과 같이 되어 선악을 알 줄 하나님이 아심이니라"(창 3:5)라고 말했습니다. 사탄이 한 말의 실체를 주의 깊게 살펴보십시오. 제1계명과 연결시켜 생각해본다면, 이 말은 하나님 외에 다른 신들에게 눈을 돌려 우상 숭배로 나아가라는 의미입니다. 사탄은 지금 창조주 하나님과 피조물인 인간 사이에 있는 구분을 무너뜨리고 있습니다. 인간 스스로 하나님과 같이 될 수 있다는 사탄의 선언에는 결국 하나님 외에 다른 신들이 어떤 존재인지에 대한 실상이 담겨 있습니다.

그러나 성경은 창조주 하나님과 피조물 사이의 근본적인 구분을 선언합니다. "태초에 하나님이 천지를 창조하시니라"(창 1:1)라는 말씀과 함께 시작된 창세기 1장과 2장은 하나님이 지으신 모든 만물과 하나님의 형상을 따라 지으심을 받은 인간에 대해 기록하고 있습니다. 그리고 그 계시의 역사 속에서 하나님은 오직 자신만은 창조되지 않고 처음부터 스스로 존재했으며, 그 외의 모든 존재는 자신에 의해 창조되었고 유지된다는 사실을 선명하게 말씀하심으로써 하나님과 창조된 모든 것 사이의 근본적인 구분을 이야기하셨습니다.

여기서 우리가 주목해야 할 사실은 창조주 하나님과 그 밖의 모든 피조물 사이의 구분입니다. 피조물인 인간은 이 구분을 유념해야만 합니다. 하나님 외에 다른 모든 존재는 하나님에 의해 창조되었고 하나님 없이는 존재할 수 없습니다.

하나님은 하나님 자신과 피조물을 엄격하게 구분하심과 동시에 피조 세계를 조화롭게 유지하시기 위해 피조물 사이에 여러 하위 구분을 지으셨습니다. 낮과 밤, 육지와 물, 인간과 동물, 남자와 여자, 다양한 동식물의 종(種) 등이 그것입니다. 오늘날 많은 사람은 동성애 등을 이유로 하나님이 세우신 이러한 하위 범주들을 허물고 있지만, 그것은 본질적으로 하나님과 피조물 사이의 절대적인 구분이 파괴되면서 파생된 것에 불과합니다.

사탄은 첫 인류인 아담과 하와에게 바로 이 근본적인 구분을 없애도록 유혹했습니다. 인간이 하나님과 같이 될 수 있다는 감언이설로 하나님이 그어놓으신 절대적인 선을 넘도록 유도했던 것입니다. 그리고 인간은 사탄의 거짓말을 진실로 받아들여 그의 제안에 동참하고 말았습니다. 그렇게 최초의 인간은 하나님과의 관계를 포기해버렸습니다. 엄청난 대가를 치르더라도 그들이 하나님 대신 찾고자 한 신은 다름 아닌 인간 자신이었습니다. 이것이 바로 이 세상에 우상이 존재하게 된 내력입니다.

우리는 여기에서 우상 숭배의 실체가 무엇인지를 명확하게 볼 수 있습니다. 우상은 하나님을 버리고 다른 것들에서 만족을 얻으려는 모든 것입니다. 인간은 눈에 보이는 것에서부터 보이지 않는 자신의 욕구까지도 모두 우상으로 삼을 수 있습니다. 곧 자신이 원하는 것이라면 무엇이든지 우상으로 섬길 수 있는 것입니다.

그러므로 우리는 이 최초의 우상 숭배를 잘 이해해야만 합니다. 지금도 많은 사람이 그 길을 걸어가고 있습니다. 하나님을 믿지 않는 사람들은 물론이거니와 하나님을 믿는 사람이라고 하더라도 그 길 위에 서 있습니다. 구약의 이스라엘 백성이 그러했던 것처럼, 오늘날 교회 안에 있는 많은 사람도 하나님 밖에서 만족을 찾으며 하나님과 피조물 사이의 구분을 무시하고 있습니다.

정녕 하나님을 온전히 섬기고 싶다면 우리는 이 구분을 선명하게 인식해야 합니다. 만일 하나님과 다른 모든 것 사이의 선을 뚜렷하게 긋지 않는다면 인간은 아담과 하와처럼 반드시 우상 숭배에 빠지게 될 것입니다. 그러므로 우리는 하나님이 정하신 이 구분이 절대로 깨져서는 안 되는 매우 중요한 것임을 알아야 합니다. 유일하신 참 하나님을 외면하고 다른 신들을 찾기 시작할 때 이 땅에는 우상들이 존재하게 되었습니다.

여기에 덧붙여 우리가 상기해야 할 사실이 있습니다. 인간은 그동안 우상을 만들어왔을 뿐만 아니라 지금도 동일한 이유로 다른 신들을 찾고 있다는 것입니다. 앞선 내용과 비교했을 때 다를 바 없어 보이지만, 이 말을 교회를 다니는 사람들에게 적용해보면 그 함의가 드러납니다. 특별히 현재 예수를 믿고 있어도 과거에 따르던 우상을 여전히 붙들고 있는 사람들이 있습니다. 예수를 믿게 되었다면 이제는 계시된 말씀을 통해서 참과 거짓을 분별하며 오직 하나님 안에서만 참된 만족을 찾아야 합니다. 하지만 그럼에도 불구하고 예전에 우상을 섬겼던 연장선상에서 하나님을 우상처럼 섬기는 것입니다.

오늘날 교회 안의 많은 사람이 이처럼 혼탁한 신앙을 갖게 된 이유는 제1계명의 의미를 제대로 배우지 못했기 때문일 것입니다. 그래서 그들은 세상에서 우상을 다루고 섬기는 방식대로 교회에서도 하나님을 우상처럼 섬기는 일을 반복합니다.

바울은 진정 회심한 자에게는 어떤 일이 선행되어야 하는지를 다음과 같이 말했습니다.

> "너희가 어떻게 우상을 버리고 하나님께로 돌아와서 살아 계시고 참되신 하나님을 섬기는지와"(살전 1:9).

바울의 말에는 데살로니가 성도들이 참되신 하나님을 섬기기 위해 먼저 우상을 버렸다는 사실이 드러나 있습니다. 이처럼 진정한 회심이란 이전에 섬기던 우상을 버리고 참되신 하나님께로 돌아오는 것입니다. 그런데 어떤 사람들은 교회에 와서 하나님을 믿으면서도 이전에 세상에서 우상을 섬기며 살던 방식, 습관을 버리지 않습니다. 이는 그가 아직 회심하지 않았음을 보여 주는 결정적인 증거입니다. 그는 아직 하나님을 온전히 알지 못하고 있는 것입니다. 그러므로 하나님이 아닌 다른 것들에서 만족을 찾고자 한다면 결국 하나님 외에 다른 신들을 섬기고 있음을 알아야 합니다.

이런 면에서 오늘날 교회 안에는 제1계명을 어기고 혼합주의적인 신앙을 가지고 삶을 살아가는 사람들이 제법 많습니다. 그들은 모두 하나님의 주권에 대한 이해가 선명하지 못할 뿐만 아니라, 창조주 하나님에 대한 경외도 부족합니다. 그러면서 세상의 사상과 가치관을 그대로 유입해 자신의 신앙의 체계에 혼합합니다. 그 결과 유일하신 하나님을 믿는 사람에게서 나타나는 하나님의 주권에 대한 믿음을 그들에게서는 거의 찾아볼 수 없습니다.

우상 형성의 4가지 조건

• **신적인 특징이 있는가?**

'-신', '-느님'에 반영된 그릇된 종교심

크리스토퍼 라이트(Christopher J. H. Wright)는 인간이 우상을 만들 때 모두 4가지 조건을 고려한다고 말합니다.[8] 그중 첫 번째는 '하나님의 흔적이 보이는가'입니다. 인간은 그 존재의 특성상 하나님이 아니면 그와 비슷한 우상, 곧 하나님의 흔적이 보이는 다른 것들을 찾습니다. 하나님의 흔적이란 한 대상의 비범한 외형, 풍채, 아름다움 등을 통해 풍겨져 나오는 신적인 특징을 말합니다. 우리는 시편 기자의 고백을 통해서 이 신적인 특징의 본질이 무엇인지를 확인할 수 있습니다.

"만국의 모든 신들은 우상들이지만 여호와께서는 하늘을 지으셨음이로다 존귀와 위엄이 그의 앞에 있으며 능력과 아름다움이 그의 성소에 있도다"(시 96:5-6).

시편 기자는 살아 계신 창조주 하나님의 임재 앞에 존귀와 위엄과 능력과 아름다움이 있다고 말했습니다. 이 4가지 특징은 온 세상 곳곳에 담겨 있지만, 그 정수는 오직 하나님의 임재 안에서만 보고 경험할 수 있습니다.

그런데 인간은 오직 하나님 안에서만 찾고 구해야 할 영광을 피조세계에 깃든 하나님의 흔적 자체에 주목함으로써 그것을 신으로 섬기고자 합니다. 실체이신 하나님은 외면한 채 떨어져 나온 조각과 같은 흔적들을 붙드는 것입니다. 광대한 하늘의 어떤 권세를 생각하면서 하늘을 경배하기도 하고, 또 우리의 통제를 벗어나 있는 대상들을 바라보며 경이감을 느껴 그것들 자체를 숭배하기도 합니다.

지금도 많은 사람이 자신의 통제와 이해를 벗어나 존재하는 대상들이 품어내는 4가지 특징을 바라보며 감탄합니다. 그리고 오직 하나님 안에서 찾고 오직 하나님께만 돌려야 할 영광을 한계가 있는 대상들을 향해 돌립니다.

우리나라의 산들을 가 보면 옛날 사람들이 크고 특별한 바위를 보며 그 위엄에 사로잡혀 불상을 새기고 제사하며 숭배했던 흔적들을 발견할 수 있습니다. 마찬가지로 오늘날 여러 무속인들과 무속 신앙인들도 웅장한 바위 밑에서 그들의 신앙심을 드러내고 있습니다. 이런 모습은 인도, 중국 등 아시아 각국에서도 흔히 발견되는 풍경입니다. 이처럼 사람들은 숲과 나무, 바위 등을 신비롭게 바라보았고 그 대상들에 '신 개념'을 대입해 자신이 원하는 신들을 만들어 섬겼습니다.

피조 세계 안에는 그 밖에도 사람들의 마음을 사로잡는 것이 많이 존재합니다. 어떤 사람은 사람들을 사로잡기 위해 의도적으로 위엄 있는 조형물을 제작하기도 합니다. 성경을 보면 느부갓네살왕이 만든 금 신상은 많은 사람이 보고 두려워할 만한 위엄이 있었습니다. 그는 이를 통해 백성의 마음을 장악하고자 했고, 그들의 신앙심을 고취시킬 뿐만 아니라, 자신의 통치를 더욱 공고히 하고자 했습니다.

비슷한 이유로 우리나라에서도 거대한 금 불상이 경쟁적으로 세워지고 있습니다. 소박함과 무소유를 주장하는 불교에서 화려함과 장엄함을 갖춘 불상을 제작하는 이유는 불상에게서 존귀와 위엄, 능력과 아름다움을 느끼게 해 사람들로 하여금 숭배하도록 하기 위함입니다.

그런데 오늘날에는 이러한 신적 특징을 살아 있는 실체들에서 주로 찾고 있습니다. 과거에는 석상이나 조형물 등을 대상으로 삼았다면, 이제는 가수, 배우, 스포츠 스타 등의 살아 있는 사람을 주목합니다. 이러한 현상은 하나님과 피조물 사이의 구분이 깨어지게 되면 인간의 마음은 어떤 대상이든지 우상으로 숭배할 수 있다는 사실을 잘 보여줍니다.

요즘 사람들이 즐겨 사용하는 단어를 한번 보십시오. 만약 누군가가 한 분야에서 최고의 경지에 이르게 되면 사람들은 그에게 '신'(神)이라는 칭호를 붙입니다. '공부의 신', '야구의 신', '축구의 신', '여신' 등 다양한 신이라 불리는 사람들이 있습니다. 비슷한 맥락에서 한 사람의 이름 뒤에 '느님'을 붙여서 말하기도 합니다. 이 모든 현상은 이 시대가 신이라는 존재를 어떻게 생각하고 있는지를 잘 보여줍니다. 이는 그저 단순한 유행이 아닙니다. 인간의 기저에 있는 종교성이 반영된 것입니다. 하나님과의 관계가 파괴되자, 이제는 사람에게서라도 하나님의 흔적을 찾고자 하는 것이 왜곡된 종교심의 실체입니다.

우리가 기억해야 할 근원적인 부분

이처럼 하나님과 피조물 사이의 구분이 허물어지기 시작하면 사람들은 그 경계를 쉽게 넘어섭니다. 조금이라도 자신의 마음을 빼앗는 요소가 있다면 대상을 망라해 숭배하려 합니다. 예를 들어, 하나님에게서 발견해야 할 절대적 능력을 돈에게서 찾으려 하고, 배우자가 능력이 뛰어나거나 자식이 공부를 잘하면 그들을 우상처럼 높이려고 합니다. 또 아름답고 영광스러우신 하나님은 외면한 채 완전하지 못한 아름다움을 발하는 대상에게 심취하기도 합니다. 어떤 사람들은 "세상을 살면서 그런 일은 당연한 것 아닌가?"라고 반문할지 모릅니다. 하지만 성경은 이를 두고 하나님 외에 다른 것들을 섬기는 우상 숭배라고 말합니다.

하나님을 믿는 사람에게도 이 일은 예외가 아닙니다. 신실한 하나님의 사람인 욥도 이와 같은 우상 숭배의 유혹을 받은 적이 있습니다.

> "만일 해가 빛남과 달이 밝게 뜬 것을 보고 내 마음이 슬며시 유혹되어 내 손에 입맞추었다면 그것도 재판에 회부할 죄악이니 내가

그리하였으면 위에 계신 하나님을 속이는 것이리라"(욥 31:26-28).

욥은 해처럼 밝게 빛나는 보름달을 보고 마음이 흔들렸다고 고백했습니다. 당시 사람들은 밝게 빛나는 달을 보며 우상 숭배에 빠지곤 했는데, 욥도 아름답고 영롱하게 빛나는 달을 보며 유혹을 받았던 것입니다. 그는 끝내 그 유혹에 넘어가지는 않았지만, 이러한 욥의 고백은 인간의 이해와 통제를 넘어서는 피조물의 위엄과 아름다움 앞에 우리가 얼마나 쉽게 압도당하는지를 잘 보여줍니다.

하지만 아무리 매력적인 대상이라 할지라도 피조물은 하나님의 창조와 그분의 다스리심을 찬양하는 재료에 불과할 뿐, 결코 그 자체로는 숭배의 대상이 될 수 없습니다. 우리는 하나님만이 신성의 영역에 계시며 그분을 제외한 모든 만물은 신성의 영역에 조금도 속하지 않는다는 사실을 반드시 기억해야 합니다.

신자는 이 사실을 이론적 수준이 아닌 경험적이고 의식적인 차원의 지식으로 소유하고 있어야 합니다. 창조주 하나님과 인간을 포함한 모든 피조물 간의 근본적인 구분이 흐릿해지고 붕괴될 때 우리의 눈앞에 벌어지고 있는 이 모든 현상뿐만 아니라 그보다 더한 일들도 얼마든지 일어날 수 있다는 사실을 항상 생각해야 합니다.

• 두려움을 해결할 수 있는가?

<u>우리가 진정 두려워해야 할 하나님</u>

인간이 다른 신들을 만들 때 고려하는 두 번째 조건은 '두려움을 해

결할 수 있는 능력이 있는가'입니다. 이 말은 인간이 가지고 있는 특정 두려움을 해결해줄 것 같은 대상에게 신 개념을 부여해서 신으로 섬기는 것을 의미합니다.

과거의 선원들은 험난한 바다의 풍랑이 두려워 바다의 신 '야미'를 만들었고, 바다에서 죽을 것이 두려워 죽음의 신을 만들기도 했습니다. 또 전쟁을 두려워한 이들은 전쟁에서 승리하기를 바라는 마음으로 전쟁의 신을 만들어 섬겼습니다.

현대인들도 두려움을 다루는 방식은 동일합니다. 지금도 어떤 사람들은 귀신을 내쫓기 위해 부적을 붙이고, 시험이나 면접에서 마음의 불안을 달래는 것을 넘어 행운을 얻기 위해 부적을 지니기도 합니다. 중병에 걸려 죽음의 공포에 사로잡힌 이들은 현대 의학이 해결할 수 없는 영역을 미신이나 무속 신앙 등에 기대기도 합니다. 하지만 이 모든 것은 하나님과 피조물의 관계를 깨고 하나님 외에 다른 대상에게서 자신의 두려움을 해결하고자 하는 우상 숭배입니다.

만일 두려움 때문에 하나님 외에 다른 대상을 붙잡고 있다면, 그는 우상을 섬기고 있는 것입니다. 또한 미래에 대한 불확실성, 자식에 대한 염려, 질병에 대한 두려움 때문에 하나님 외에 다른 것들에서 안전을 보장받고자 한다면 그것 역시 우상이 분명합니다.

우리는 말씀을 통해 우상과 우상 숭배가 무엇인지를 정확히 알아야 합니다. 지금 살피는 말씀이 너무 평범하고 당연한 것 같지만, 의외로 많은 사람이 하나님을 의지하지 않고 다른 대상에게서 자신의 안전을 구하고 있습니다.

시편 96편 기자는 "여호와는 위대하시니 지극히 찬양할 것이요 모든 신들보다 경외할 것임이여"(시 96:4)라고 선포했습니다. 또한 수많은 시편과 잠언의 기자들은 '여호와를 경외하는 자'가 하나님을 믿는 자라고 고백했습니다. 선지자 이사야 역시 다음과 같이 말하며 하나님 한 분만을 두려워해야 한다고 했습니다.

"만군의 여호와 그를 너희가 거룩하다 하고 그를 너희가 두려워하며 무서워할 자로 삼으라"(사 8:13).

성경이 증언하는 것처럼 여호와를 경외하는 사람은 하나님 외에 다른 것들을 두려워하지 않고, 오직 하나님만을 두려워하며 섬기는 자입니다.

하나님은 모든 만물을 창조하셨고 다스리시기 때문에 우리가 가장 두려워해야 할 분이십니다. 이 사실을 참되게 믿는 자라면 모든 것이 하나님의 수중에 있다는 사실을 알기 때문에 다른 것들을 두려워하지 않습니다. 죽음의 위협 앞에서 두려움을 느꼈던 다윗은 다음과 같이 고백했습니다.

"내가 여호와께 간구하매 내게 응답하시고 내 모든 두려움에서 나를 건지셨도다…여호와의 천사가 주를 경외하는 자를 둘러 진 치고 그들을 건지시는도다 너희는 여호와의 선하심을 맛보아 알지어다 그에게 피하는 자는 복이 있도다 너희 성도들아 여호와를 경외하라 그를 경외하는 자에게는 부족함이 없도다"(시 34:4, 7-9).

다윗은 이 땅에서 진정으로 두려워해야 할 분은 오직 하나님 한 분이시라는 사실을 정확하게 경험했습니다. 모든 두려움에서 건짐 받은 그는 하나님을 경외하는 자에게 부족함이 없다고 말했습니다. 또한 하나님은 하나님께 피하는 자들을 모든 위협과 두려움에서 건지심을 고백했습니다. 이러한 확신으로 그는 하나님의 백성들을 향하여 두려움에서 더 나아가 여호와의 선하심을 맛보아 알라고 명령합니다.

우리는 다윗의 고백처럼, 두려움이 닥칠 때 하나님을 경외하면 하나님의 선하심을 맛보게 됩니다. 그러나 두려움이 몰려올 때는 우상 숭배의 유혹을 받게 됩니다. 바로 그때 우리는 다윗처럼 하나님을 경외해야 합니다. 우리를 두렵게 하는 수많은 일에 마음이 끌려 하나님 외에 다른 것들을 붙잡고자 하는 유혹을 경계해야만 합니다. 오히려 그때야말로 우리가 유일하게 두려워해야 할 대상이신 하나님만 경외함으로 그분의 선하심을 맛보아야 합니다.

우리를 두렵게 하는 모든 것은 하나님의 손안에 있습니다. 그러므로 하나님 외에 다른 것들을 붙잡아서는 안 됩니다. 오히려 가장 두려워해야 할 하나님을 붙잡아야 합니다. 그렇지 않으면 우상 숭배로 나아갈 수 있습니다.

오늘날 우리는 의술과 기술의 발전에 의한 각종 안전장치의 도입, 사람의 권리를 보장해주는 여러 법적 제도들의 혜택 안에서 살아가고 있습니다. 과거에는 안전장치가 설치된 출입문을 소유한 집이 그리 많지 않았는데, 오늘날에는 거의 대부분의 가정이 튼튼한 출입문뿐만 아니라 안전하면서도 편리한 잠금장치를 소유하고 있습니다.

그런데 이처럼 안전이 보장된 시대를 살아가는 사람들은 제대로 된 잠금장치를 소유하지 못했던 이전 시대의 사람들보다 더 염려와 두려움 속에서 살아가고 있습니다. 그리고 자신의 두려운 마음을 해결해줄 대상들을 찾아 우상으로 열렬히 섬기고 있습니다. 돈이 그 역할을 해준다면 돈을 좇아 살고, 권력이 그 일을 해준다면 권력을 붙잡으려 합니다.

그러나 우상은 결단코 우리의 염려와 두려움을 해결해주지 못합니다. 두려움은 오직 만물을 주장하시며 사람을 인도하시는 하나님 안에서만 해결됩니다. 이 세상에서 눈에 보이는 해결책들은 모두 일시적일 뿐입니다. 영원한 생명 보존의 문제는 하나님이 아니면 그 누구도 해결해줄 수 없습니다. 그래서 여호와를 경외하는 것만이 유일한 해답입니다. 앞서 시편 34편에서 다윗이 고백한 것처럼, 여호와를 경외하는 것만이 가장 안전한 길이고 두려움에서 건짐 받는 방법입니다.

• **믿고 의지할 만한 대상인가?**

인간이 우상을 만들 때 고려하는 세 번째 조건은 '어떤 위험이나 두려움, 불안, 힘든 상황에서 믿고 의지할 만한 대상인가'입니다. 앞서 살핀 것처럼, 사람들은 스스로 안전을 확보하기 위해 하나님과 피조물의 구분을 깨뜨리고 의지할 대상을 만들어 섬겼습니다. 그것이 조형물이든, 나라와 사회 속에서 다수가 신뢰하는 가치나 힘이든 자신이 믿고 의지할 수만 있다면 그것을 우상으로 섬겼습니다.

그래서 과거 이스라엘 백성은 하나님을 외면하고 주변 나라의 군사력과 경제력을 의지했습니다. 오늘날에는 자신의 안전을 위해 붙드는 사람, 재물 등이 그에 해당한다고 할 수 있습니다. 그 대상이 무엇이든지, 현재와 미래의 나를 안전하게 지켜줄 것이라고 믿는 모든 것은 우상입니다. 이러한 추구 또한 하나님과 피조물 사이의 구분을 허물고 어리석게 행동하는 것입니다.

사실 많은 사람이 자신이 현재 믿고 의지하는 대상이 우상이라는 것을 모른 채 살아갑니다. 그러나 그 행동에는 하나님과 피조물 사이의 구분을 깨고 하나님 안에서 얻을 것을 다른 것들에서 얻겠다는 의미가 담겨 있습니다. 하나님이 과거 선지자들을 통해 이스라엘 백성에게 분명하게 전하신 말씀은 그들이 하나님을 버리고 다른 대상들에게서 안전을 기대한다면 반드시 실패할 것이라는 사실이었습니다. 시편 33편 기자는 이러한 하나님의 말씀을 다음과 같이 증언했습니다.

> "많은 군대로 구원 얻은 왕이 없으며 용사가 힘이 세어도 스스로 구원하지 못하는도다 구원하는 데에 군마는 헛되며 군대가 많다 하여도 능히 구하지 못하는도다"(시 33:16-17).

과연 오늘날 교회 안에 이 사실을 확고히 믿고 있는 사람들이 얼마나 되는지 궁금합니다. 여전히 많은 사람이 하나님 외에 신뢰하는 것들을 두며 살고 있기 때문입니다. 이것은 이 땅을 사는 성도들이 끊임없이 유혹을 받고 있다는 반증이기도 합니다. 그러나 시편 기자는 한 가지 사실을 덧붙였습니다.

"우리 영혼이 여호와를 바람이여 그는 우리의 도움과 방패시로다"
(시 33:20).

많은 군대와 힘센 용사, 건장한 말들이 아닌 오직 하나님만이 자기 백성의 도움과 방패가 되어 지켜주실 것이라고 말했습니다. 우리 또한 이 사실을 확고하게 믿어야 합니다. 우상을 섬기는 사람들은 하나님이 도우신다는 사실을 배제하고 우상을 따릅니다. 따라서 우리는 내 안에 어떤 우상이 있는지를 살피기에 앞서, '나는 진실로 하나님이 나의 피난처가 되시고 도움과 방패가 되셔서 나의 삶에 안전과 구원을 주신다는 사실을 믿고 있는가?'를 물어야 합니다.

하나님과 피조물의 구분을 무시하고 하나님 외에 다른 것들에 기대어 살고 있지는 않습니까? 하나님도 안전을 주시고, 다른 것들도 안전을 줄 수 있다는 신념은 하나님 곁에 다른 신들을 두는 것과 동일합니다. 결국 제1계명을 지킨다는 것은 오직 하나님만이 내 삶의 도움과 방패이심을 믿고 의지하는 것입니다. 만일 제1계명을 잘 지키고 싶다면 하나님이 누구이신가를 확고히 믿는 일부터 시작해야 합니다.

• 현실적 필요를 채워줄 수 있는가?

마지막으로 인간이 우상을 만들 때 고려하는 네 번째 기준은 '현실적인 필요를 채워줄 수 있는가'입니다. 인간은 삶에서 큰 비중을 차지하는 여러 필요들 앞에서 끊임없이 염려합니다. 그래서 우상에게 자신의 현실적 필요를 채워주기를 기대했습니다. 이러한 인간의 마음을 아신 예수님은 제자들을 향해 "무엇을 먹을까 무엇을 마실까 무엇을 입을까 하지 말라…너희 하늘 아버지께서 이 모든 것이 너희에게 있어야 할 줄을 아시느니라"(마 6:31-32)라고 말씀하셨습니다. 이 말씀의 의미는 하늘 아버지께서 우리의 모든 필요를 아시기에 오직 하나님만 신뢰하라는 것입니다. 만일 이러한 하늘 아버지가 아닌 다른 무엇을 믿고 의지한다면 그것은 분명 우상 숭배가 될 것입니다.

이스라엘이 살던 당시 주변 나라들은 풍요와 다산의 신인 바알과 아세라를 믿었습니다. 그런데 하나님의 백성마저도 그들의 현실적 필요 앞에 바알을 섬겼습니다. 하나님은 그러한 이스라엘 백성을 향해 "곡식과 새 포도주와 기름은 내가 그에게 준 것이요 그들이 바알을 위하여 쓴 은과 금도 내가 그에게 더하여 준 것이거늘 그가 알지 못하도다"(호 2:8)라고 말씀하셨습니다. 실제로 하나님은 악인들에게도 햇볕과 비를 내리시는 분입니다. 악인들이 그 사실을 인정하지 않고 깨닫지 못한다 하더라도 하나님은 그들의 필요를 채워주십니다.

그런데 하나님과 피조물 사이의 구분을 깨뜨린 인간은 자신의 필요를 하나님이 아닌 다른 것에서 찾고자 했고, 허무한 것에게 자신의 필요를 채워줄 것을 요청했습니다. 우리도 우리의 현실 앞에서 우상 숭배의 유혹에 자주 빠지는 것처럼, 이스라엘 백성 또한 풍요와 다산을 가져다준다는 바알 신의 외침 앞에 굴복했습니다.

엘리야 시대에는 그 형편이 악화되어 이스라엘의 거의 모든 사람이 바알과 아세라를 섬기기에 이르렀습니다. 그러나 그들의 기대와 달리 이스라엘 땅에는 3년 6개월 동안 비가 내리지 않았습니다. 하나님이 그들의 거짓된 믿음을 깨뜨리기 위해서 비를 막으셨기 때문입니다.

그리고 하나님은 갈멜산에서 선지자 엘리야를 통해 정녕 누가 참 하나님이요, 참 신인지를 증명하셨습니다. 바알과 아세라 선지자들과 하나님의 선지자 엘리야의 대결을 통해 그 능력을 나타내고자 하신 것입니다. 먼저 바알 선지자 450명이 아침부터 저녁까지 그들의 신에게 비를 요청했습니다. 그러나 아무런 응답이 없었습니다. 그들이 믿는 신은 거짓 신이었기 때문입니다. 이것이 바로 우상의 실체입니다.

사실 처음부터 비의 신은 존재하지 않았습니다. 비는 오직 하나님이 주시기도 하고 거두시기도 합니다. 그런데 사람들은 비가 내리지 않을 때 하나님께 은혜를 구하기보다 비를 내리는 신을 만들어 섬겼습니다. 왜 하나님이 비를 내리시지 않는지, 그 뜻이 무엇인지를 묻는 것이 지당하지만, 그들에게는 하나님의 뜻보다 자신들의 현실적 필요가 더 중요했던 것입니다. 결국 갈멜산의 대결을 통해 하나님만이 참 신이시라는 사실과 우상은 모두 거짓되다는 사실이 밝히 드러났습니다.

하지만 인간은 현실적인 필요를 채워줄 것이라는 우상의 유혹을 쉽게 뿌리치지 못합니다. 그래서 예나 지금이나 우상을 열렬히 섬깁니다. 오늘날 교회 안에 머무는 많은 사람도 현실적 필요를 이유로 하나님과 우상을 겸하여 섬기고 있습니다. 그중에서도 돈의 신은 많은 사람에게 큰 경각심 없이 받아들여지고 있습니다. 하나님의 큰 능력을 신뢰하기보다 돈이 주는 힘과 능력을 신뢰하고 의지하는 것입니다.

　이처럼 우상은 우리의 현실 속에서 강력한 매력을 내뿜으며 존재합니다. 우리를 향해 우상 숭배의 길로 들어서라고 손짓하고 있습니다. 따라서 우리는 현실적 필요를 무엇으로부터 채움 받으려 하는지 그 사실을 명확하게 알아야 합니다.

우상을 배제하고
전적으로 하나님께로 돌이키라

　　　　　　우리는 지금까지 하나님의 형상이라는 존재의 특성과 인간이 우상을 만들 때 고려하는 4가지 기준을 살폈습니다. 인간은 존재의 특성상 하나님만을 찾아야 하지만, 왜곡된 종교심은 하나님이 아닌 다른 신을 찾도록 합니다. 그리고 인간은 4가지 기준에 입각해 다른 신들을 만들어 섬기고 있습니다.

　우리는 자신을 점검해봐야 합니다. 현재 하나님의 형상대로 지으심을 받은 존재로서 하나님 안에서 영혼의 안식과 기쁨, 만족을 누리고 있습니까? 아직도 하나님이 아닌 다른 것들에서 영혼의 갈망을 해결하려 합니까? 만약 그렇다면 그 사람은 분명 우상을 섬기고 있을 것입니다. 자신에게 있어 그 우상이 무엇인지 살펴야만 합니다. 그리고 속히 하나님께 돌이켜야 합니다.

　또 하나님과 피조 세계 사이를 명확하게 구분하고 있습니까? 하나님과 피조물인 자신 사이에 놓인 구분을 명확하게 알고 있습니까? 만일 인간이 하나님을 정확하게 알고 있다면 오직 하나님 안에서만 모든 것을 찾고 구할 것입니다.

그러므로 먼저 하나님과 피조물 사이의 구분을 깨고 있지는 않은지, 하나님 밖에서 모든 것을 구하고 있지는 않은지부터 살펴보십시오. 이것은 단순히 교회 출석만으로 해결되지 않습니다. 성경에 기록된 하나님을 유일하신 창조주요, 주권자로 정확히 알고 믿음으로써만 가능합니다.

하나님 안에 머물지 않으면 그 어떤 영혼도 참된 만족과 안식을 누릴 수 없습니다. 진정 하나님 안에서 살고 싶다면, 하나님이 주시는 참 복을 누리고 싶다면 하나님 외에 다른 우상을 엄격하게 배제해야 합니다. 하나님 외에 다른 신들을 섬기지 말라는 제1계명은 모든 것의 시작입니다. 여기서 문제가 생기면 인간의 삶은 방향을 잃게 됩니다. 하나님을 믿는다고 하는 신앙인조차도 똑같은 경험을 하게 됩니다. 이 명확한 사실을 체험적으로 확인하고 확신하기를 바랍니다.

04

하나님 곁에 두는
흔한 우상들

> "만국의 모든 신들은 우상들이지만
> 여호와께서는 하늘을 지으셨음이로다
> 존귀와 위엄이 그의 앞에 있으며
> 능력과 아름다움이 그의 성소에 있도다" _ 시 96:5-6.

　우리는 우상의 근원적인 원인과 우상을 만들 때 고려되는 4가지 조건을 살펴보았습니다. 이 내용들은 제1계명을 지키는 것에 있어서 매우 중요합니다. 이에 대한 이해가 부족하면 우리는 하나님을 믿더라도 우상도 겸하여 믿는, 온전하지 못한 상태에 이를 수 있습니다. 또한 우상의 원인과 조건에 대한 이해 없이 이 장을 읽으면 우상을 일반적인 차원에서 다루고 있다는 느낌을 받게 될 것입니다. 따라서 지금부터 다루는 내용은 반드시 3장의 내용에 근거해서 살펴야 합니다.

　여기서 다루려는 내용은 사람들이 일상 속에서 흔히 섬기는 우상들입니다. 이 부분에 대해서 간략히 언급만 하고 넘어갈 수도 있겠지만, 그러면 우상의 실체를 분별하는 데 도움이 되지 않을 것입니다. 따라서 많은 사람에게 큰 유혹이 될 수 있는 우상들을 중심으로 구체적인 내용을 살펴보겠습니다.

인간은 하나님과 피조물의 구분을 깨고 자신이 하나님이 되고자 했습니다. 하지만 인간은 부인할 수 없는 자신의 한계 때문에 4가지 조건을 고려해 우상을 만들었습니다. 그래서 우상이란 "하나님과 피조물의 구분을 깨고 스스로 하나님이 되고자 하는 인간 자신과, 인간이 자신의 한계 때문에 신이 될 수 없음을 알고 4가지 고려 사항을 반영해 만들어낸 다양한 신"으로 정의할 수 있습니다. 그렇게 세상에 존재하게 된 우상은 모두 하나님을 다양하게 모방하고 있는 것에 불과합니다. 시편 96편은 우상이 모방하고 있는 하나님만의 특징이 무엇인지를 잘 설명하고 있습니다.

"존귀와 위엄이 그의 앞에 있으며 능력과 아름다움이 그의 성소에 있도다"(시 96:6).

우상이 모방하고 있는 하나님의 주된 특징 4가지는 존귀, 위엄, 능력, 아름다움입니다. 우리는 이렇게 묘사된 하나님의 실존 자체를 파악할 수는 없습니다. 하나님은 무한하시며, 거룩하시고, 영존하시기 때문입니다. 그럼에도 불구하고 하나님이 이 땅에 나타내신 존귀, 위엄, 능력, 아름다움을 통해서 그분이 어떤 분이신지를 어느 정도는 알 수 있습니다. 그런데 사람들은 이 세상 역사 속에 드러난 하나님의 특징을 발견하고, 그 특징을 모방해 자신만의 신을 만들었습니다. 물론 그렇게 만들어진 신은 하나님이 될 수 없습니다. 그것들은 모두 하나님의 모조품에 불과합니다.

존귀와 위엄의 우상

가장 먼저 살펴볼 모조품은 존귀와 위엄의 우상입니다. 일차적으로 우리가 생각할 수 있는 존귀와 위엄의 우상은 자연 현상이나 기암괴석과 같은 신비롭고 장엄한 자연의 일부입니다. 앞 장에서 살펴보았듯이, 하나님의 위엄의 흔적을 지닌 것처럼 보이는 대상들이 이에 해당합니다.

그러나 지금까지 인간 역사 속에서 하나님의 존귀와 위엄을 가장 많이 모방한 우상은 인간 자신입니다. 막대한 권력과 명성을 소유한 사람들은 신처럼 칭송받았습니다. 고대의 황제와 전쟁 영웅이 사람들로부터 얻은 존귀와 위엄을 생각해보면 인간 자신이 하나님처럼 높아지고 두려움의 대상이 되었다는 사실을 알 수 있습니다.

비록 오늘날에는 그와 같은 인물을 찾기가 힘들지만, 많은 이들은 소위 성공한 사람들, 즉 남들보다 우월한 위치에 오르거나 더 큰 힘과 능력을 소유한 사람들을 우상처럼 받들고 있습니다. 이 땅에서 아무리 높은 위치에 올라 큰 권세를 가졌다 하더라도 모든 것을 허락하신 하나님을 높이는 것이 인간의 목적임에도 불구하고, 사람들은 여전히 스스로를 존귀와 위엄의 우상으로 만들어 하나님과 같이 되려는 욕망을 강하게 표출하고 있습니다.

　이 우상은 모든 사람이 추구하고 원하는 바입니다. 심지어 예수님을 믿는 사람들도 하나님 곁에 이 우상을 두고 섬기려 합니다. 우리 중에 다른 사람보다 탁월하고 우월한 위치에 앉고 싶지 않은 사람은 거의 없습니다. 모두 권세와 힘을 얻어 다른 사람을 통제하면서 다스리고 싶어 합니다. 그러나 이와 같은 추구와 욕망 안에는 하나님과 피조물의 관계를 깨고 자신이 하나님과 같이 되려는 중심이 있습니다. 하나님 안에서 찾아야 할 존귀와 위엄을 자기 안에서 찾으려 하는 것입니다.

　이러한 욕망은 어린아이에게서도 발견됩니다. 비록 나이가 어리다 할지라도 다른 사람을 자기 뜻대로 지배하고 통제하려는 의도를 숨기지 않습니다. 친구들과의 경쟁을 마치 사활이 걸린 문제처럼 여기며, 갖은 수를 써서라도 승리를 쟁취하고자 합니다. 그 과정을 통해 스스로 존귀와 위엄을 가지려 합니다. 하나님의 존귀와 위엄을 모방해 자신이 소유하고자 하는 것입니다.

　시간이 지나 청소년이 되면 그 욕망은 더 강렬하게 표출됩니다. 교실은 힘과 능력으로 최고가 되고자 하는 학생들의 각축장입니다. 어떤 친구들은 싸움으로 1등이 되고자 하고, 또 어떤 친구들은 공부나 미모, 재능 등으로 최고가 되려 합니다. 하나님의 영광을 위해서 공부하고 실력을 갖추려는 것이 아니라 자신의 실력으로 존귀와 위엄을 쟁취해 다른 사람들을 통제하고 군림하고자 하는 것입니다.

이 세상은 "경쟁은 유익하다" 혹은 "경쟁은 나쁘다" 정도의 피상적인 언급만 할 뿐, "왜 사람은 경쟁하려 하는가?"라는 근원적인 질문은 하지 않습니다. 그러나 성경은 그 근원에 대해 명확하게 밝힙니다. 서로 이기려 하고 높아지려는 이유는 하나님과 인간 사이의 구분을 깬 인간이 존귀와 위엄을 지니고 싶어 하기 때문입니다. 이것은 하나님에게서 찾아야 할 존귀와 위엄을 자신에게서 찾으려는 인간의 근원적인 태도입니다.

사람들은 이러한 욕망을 인간의 자연스러운 본능 정도로만 이해합니다. 그래서 교회를 다닌다 하더라도 동일한 욕구를 따라 스스로 높아지려는 이런 식의 우상 숭배의 길을 걷는 일이 비일비재하게 일어납니다. 그러나 그 모든 추구는 헛된 우상 숭배일 뿐입니다. 잠시 자신의 노력으로 존귀와 위엄을 얻을 수 있을지는 몰라도, 시간이 지나면 모두 사라져버릴 것들입니다. 어떠한 존귀와 위엄도 피조물의 한계인 죽음을 막을 수 없기 때문입니다. 죽음 앞에서 존귀와 위엄은 모두 사라져버립니다.

그러므로 우리는 우리의 존재와 삶을 지탱시키는 참된 존귀와 위엄은 오직 하나님께만 있음을 알아야 합니다. 그 외의 것들은 모조품에 불과합니다. 그래서 시편 기자는 "존귀와 위엄이 그의 앞에 있으며 능력과 아름다움이 그의 성소에 있도다"(시 96:6)라고 고백했습니다. 그리고 이어서 "만국의 족속들아 영광과 권능을 여호와께 돌릴지어다 여호와께 돌릴지어다 여호와의 이름에 합당한 영광을 그에게 돌릴지어다 예물을 들고 그의 궁정에 들어갈지어다 아름답고 거룩한 것으로 여호와께 예배할지어다 온 땅이여 그 앞에서 떨지어다"(시 96:7-9)라고 말했습니다. 존귀와 위엄, 그리고 영광과 권능은 다른 데서 찾아서는 안 되며, 오직 여호와께 돌림으로써 그분께 합당한 영광을 드려야 한다는 것입니다.

요한계시록에는 이러한 사실이 선명하게 드러나 있습니다. 하늘 보좌 앞에 선 24장로들의 입술이 오직 하나님만 높이고 있습니다.

> "우리 주 하나님이여 영광과 존귀와 권능을 받으시는 것이 합당하오니"(계 4:11).

또한 보좌와 생물들과 장로들을 둘러 선 수많은 천사도 "죽임을 당하신 어린 양은 능력과 부와 지혜와 힘과 존귀와 영광과 찬송을 받으시기에 합당하도다"(계 5:12)라고 그리스도를 경배했습니다. 이러한 경배의 목소리는 더욱 커져, 각 나라와 족속과 백성과 방언에서 온 구원받은 큰 무리가 보좌 앞과 어린 양 앞에 서서 큰 소리로 "구원하심이 보좌에 앉으신 우리 하나님과 어린 양에게 있도다"(계 7:10)라고 고백했고, 하늘의 모든 천사는 이에 화답하며 "아멘 찬송과 영광과 지혜와 감사와 존귀와 권능과 힘이 우리 하나님께 세세토록 있을지어다 아멘"(계 7:12)이라고 송축했습니다.

존귀와 위엄은 사람에게 속한 것이 아닙니다. 지존하신 하나님께 속해 있습니다. 구원받은 큰 무리, 모든 천사와 장로들, 네 생물들 등은 영원히 이 사실을 고백할 것입니다.

다른 사람들보다 조금 높은 자리에 올랐다고 해서 진정한 존귀와 위엄을 획득할 수 없습니다. 그것은 오직 하나님 안에 있는 것이고, 인간은 단지 하나님의 뜻을 따라 한시적인 존귀와 위엄을 얻을 뿐입니다. 그러므로 우리는 하나님과 인간 사이의 구분을 명확히 해야 합니다. 이 선을 넘어서는 것은 자신을 하나님과 동등한 위치에 올리려는 교만이라는 사실을 기억해야 합니다.

능력의 우상

그러나 사람들의 모방은 여기에서 그치지 않습니다. 사실 존귀와 위엄보다 더 강력한 힘을 발휘하는 모방의 대상이 있습니다. 바로 능력과 아름다움입니다. 우리가 먼저 살펴볼 능력의 우상은 사람들 사이에서 더욱 보편적이고 열렬하게 숭배되고 있습니다. 과학의 능력을 믿는 사이언톨로지와 같은 신흥 종교도 그중 하나입니다. 그러나 능력의 우상은 특정 종교의 형태를 띠고 드러나기보다 대체로 인간이 하나님 없이 스스로의 힘으로 살고자 하는 욕망과 관련해 나타납니다.

이러한 인간의 욕망이 투영되어 나타나는 우상들 중 가장 강력한 힘을 발휘하는 것은 단연 돈입니다. 성공과 성취도 동일한 범주에 속한 우상이지만, 그 둘은 결국 돈과 연결되어 있습니다. 많은 사람이 성공하고자 하는 이유는 돈을 벌어 자신의 안전을 보장하기 위해서입니다. 출판계의 동향은 이러한 사람들의 열망을 잘 반영하고 있습니다. 돈, 성공, 성취와 관련한 책들이 끊임없이 출판되고 있고, 많은 사람의 관심을 받고 있습니다. 이처럼 능력의 우상은 오늘날 우리 모두가 섬기는 최고의 신이 분명합니다. 따라서 우리는 서로 긴밀히 연결되어 있는 돈과 성공, 성취의 우상을 능력의 우상의 범주 아래서 살펴볼 필요가 있습니다.

- **성공의 우상**

우리는 어려서부터 인생의 성공을 꿈꾸며 살도록 교육받으며 자랐습니다. 어느 분야에서든지 성공한다면 많은 돈을 벌 수 있고 안정된 삶을 누릴 수 있다는 생각을 누구나 거의 본능적으로 하고 있습니다. 이와 같은 성공에 대한 욕망은 예수를 믿고 나서도 쉽게 뿌리 뽑히지 않습니다.

어떤 사람은 "성공하려는 마음이 왜 잘못된 것인가?"라고 반문할지도 모릅니다. 그러나 성공에 대한 욕망은 큰 문제가 됩니다. 그 성공을 통해 자신이 하나님을 대신하고, 자신의 능력으로 인생의 안전과 유지를 꾀하고자 하기 때문입니다. 성경은 하나님을 대신하여 붙드는 모든 것을 우상이라고 말합니다.

오늘날의 교회는 성공과 복음을 뒤섞어서 많은 성도를 혼란에 빠지게 합니다. 어린 학생 때부터 '비전'이라는 미명 아래 성공을 좇아 살도록 권장합니다. 성경에 기록된 복에 관한 몇몇 구절들을 근거로 성공을 합리화시켜 심지어는 하나님보다 성공 자체를 좇아 살도록 방조하고 있습니다. 그래서 어려서부터 이런 교육을 받은 학생들은 자신은 반드시 성공해야 한다는 강박 아래 자라게 됩니다.

또한 신자 개인뿐만 아니라 교회 공동체 전체가 성공을 좇는 경우도 허다합니다. 더 많은 성도, 더 큰 교회 건물, 더 많은 교회 재정 등을 교회의 성공 표지로 삼는 교회들이 많습니다. 그리고 이러한 가치에 숱한 목회자들과 중직자들이 동조하고 있습니다.

이러한 교회의 실상을 보면서 '나는 성공의 우상을 따르지 않는다'라고 생각하는 사람들도 있을 것입니다. 비록 성공주의를 조장하는 교회에 대해 반감이 있더라도, 주변에서 성공한 사람들을 보며 부러워하거나 열등감을 느낀 경험이 있다면 자신도 성공의 우상으로부터 자유롭지 못함을 알아야 합니다. 부러움과 열등감은 사실 그 성공 자체를 열망함으로 생겨나기 때문입니다. 그러므로 성공에 대한 열망을 적극적으로 나타내든지, 소극적으로만 품고 있든지와 상관없이 이 땅을 살아가는 모든 사람은 성공의 우상으로부터 결코 자유로울 수 없음을 기억해야 합니다.

성경이 말하는 성공

우상을 버린다는 것은 결코 쉬운 문제가 아닙니다. 남편 야곱을 도와 아버지 라반으로부터 탈주를 계획했던 라헬은 급박한 상황에서도 아버지의 우상, 드라빔만큼은 포기하지 못했습니다(창 31:19). 그러나 하나님을 진실로 믿는 자라면 마땅히 우상을 버리고자 해야 합니다.

만일 스스로 우상을 버리지 못한다면 하나님이 우상을 포기할 수밖에 없도록 우리를 몰아가실 것입니다. 즉 예수 그리스도를 믿는 자에게는 오직 하나님만을 섬기는 길 외에 다른 길은 없다는 뜻입니다.

그래서 우리는 성공이라는 우상을 섬기기보다 하나님의 능력 안에서 참된 성공을 얻고자 해야 합니다. 참된 성공이란 하나님의 능력을 믿고 의지하며 사는 것입니다. 또한 하나님의 능력 안에 우리의 생명과 안전이 있다는 사실을 믿는 것을 의미합니다. 바울은 참된 능력이 하나님께 있음을 알고 다음과 같이 고백했습니다.

"내게 능력 주시는 자 안에서 내가 모든 것을 할 수 있느니라"

(빌 4:13).

이것이 바로 하나님과 인간의 구분을 깨지 않고 하나님 안에서 사는 자의 고백이고, 그렇게 사는 것이 참된 성공입니다. 그러나 이 구분을 깨뜨리고 자신의 능력을 의지해 살 때 사람은 우상을 섬기게 됩니다. 만약 공부를 열심히 해서 자신의 안전을 이루겠다고 한다면 공부가 그에게 우상이 됩니다. 설령 열심히 공부해서 성공을 이루었다고 하더라도 우상을 좇아 섬긴 것이기에 참된 성공이라 할 수 없습니다. 참된 성공은 무엇을 하든지 하나님과 자신의 경계를 넘지 않고, 능력 주시는 하나님 안에서 허락된 모든 일을 하며, 하나님 안에서 생명과 안전과 복을 누리는 것입니다. 다른 말로 표현한다면, 성경이 말하는 성공은 제1계명을 지키면서 사는 것입니다.

어떤 사람은 이러한 성공에 대한 정의에 동의하지 못할 수도 있습니다. 그러나 모든 천사와 구원받은 큰 무리의 찬양을 기록하고 있는 요한계시록은 진정한 승리, 참된 성공이 무엇인지를 분명하게 선언하고 있습니다.

"구원하심이 보좌에 앉으신 우리 하나님과 어린 양에게 있도다…아멘 찬송과 영광과 지혜와 감사와 존귀와 권능과 힘이 우리 하나님께 세세토록 있을지어다 아멘"(계 7:10, 12).

궁극적인 승리는 우리가 영광의 보좌 앞으로 나아가는 것입니다. 그리고 그 영광의 보좌 앞으로 나아간 자들은 자신의 인생을 돌보시고 섭리하셔서 완전한 구원에 이르게 하신 하나님과 어린 양께 모든 영광과 찬송을 올리게 될 것입니다. 이렇게 하나님 안에서 생명과 안전과 복을 가지고 살다가 그것의 최종 결론에 이르게 되는 것입니다.

하나님은 이 땅에서 하나님의 능력 안에서 살아가는 자들의 삶이 결코 실패로 끝나지 않도록 하십니다. 우리는 하나님의 능력 안에서 사는 것이 참된 성공이라는 사실을 확실히 알아야 합니다. 이 세상의 성공은 결코 영원하지 않습니다. 우리는 헛된 성공의 유혹에 넘어가지 말아야 합니다. 영원하지 못한 성공은 진정한 성공이 될 수 없습니다. 우리를 영광의 보좌 앞으로 이끌지 못하는 성공은 헛된 모조품에 불과합니다.

그러므로 하나님의 능력을 의지하면서 그분 안에서 모든 일을 행하십시오. 하나님 안에서 그분의 능력을 힘입어 공부를 하고, 직장을 구하고, 사업을 하고, 가정을 꾸려야 합니다. 그것이 성경이 말하는 진정한 성공의 모습입니다.

• **돈의 우상**

능력의 우상의 범주에 속해 사람들에게 강력한 힘을 발휘하는 또 다른 우상은 바로 돈의 우상입니다. 어떤 이들은 돈을 우상으로 말하는 것을 불편하게 생각할 수 있습니다. 하지만 돈이야말로 사람들이 가장 실제적으로 섬기는 우상이 분명합니다. 성경에는 돈과 관련된 내용들이 많이 등장합니다. 그만큼 돈은 우리와 밀접하게 연관되어 있어서 우리의 신앙과 삶에 지대한 영향을 끼칩니다.

실제로 오늘날 많은 사람이 돈을 열렬히 숭배합니다. 정도의 차이는 있겠지만, 예수를 믿는 사람들 중에서도 돈으로 자신의 생존과 안전을 이루고자 하는 이들이 많습니다. 그러나 예수님은 자기 앞에 나아온 제자들에게 "너희가 하나님과 재물을 겸하여 섬기지 못하느니라"(마 6:24)라고 말씀하시며, 돈이 얼마나 강력한 우상이 될 수 있는지를 경계하셨습니다.

폴 트립(Paul David Tripp)은 성(sex)과 돈에 대한 광기를 드러내고 있는 미국의 실상을 보면서 돈의 실체에 대해 다음과 같이 밝혔습니다.

"돈에 대한 생각, 돈을 사용하는 방법을 보면 우리들의 돈에 대한 생각과 당신이 가장 소중하게 여기는 것이 무엇인지 알 수 있다. 돈은 당신이 무엇을 정말로 가치 있게 여기고 무엇을 진심으로 섬기는지를 드러낼 것이다. …돈의 세계는 영적 세계이다. 왜냐하면 그것을 통해 하나님을 예배하느냐 우상을 숭배하느냐로 결정되기 때문이다."[9]

사람들이 하나님과 견주어 돈을 우상으로 삼는 가장 큰 이유는 돈이 자신의 생명을 안전하게 지켜줄 것이라고 굳게 믿기 때문입니다. 돈이면 무엇이든지 할 수 있다는 자본주의의 가치는 이 시대에 진리처럼 받아들여지고 있습니다. 학벌, 명예, 직장, 건강, 사람, 사랑까지도 돈으로 사고파는 일이 가능해짐에 따라 돈은 전능한 신이 되어버렸습니다. 하나님의 능력을 대신할 강력한 신이 된 것입니다.

그런데 문제는 하나님과 돈은 결코 견줄 수 없다는 말씀을 알고 있는 신자들마저 돈의 능력을 의지한다는 것입니다. 하나님의 능력과 돈 사이의 경계를 허물고 하나님과 돈을 동시에 섬기고자 합니다. 예수님은 자신의 형과 유산을 나누는 문제를 해결해달라고 찾아온 한 남자에게 이렇게 말씀하셨습니다.

"삼가 모든 탐심을 물리치라 사람의 생명이 그 소유의 넉넉한 데 있지 아니하니라"(눅 12:15).

그는 소유의 넉넉함에 사람의 생명이 달려 있다고 생각했습니다. 그러나 예수님은 사람의 생명은 오직 하나님께 달려 있음을 가르쳐주셨습니다(눅 12:20). 이러한 주의 말씀은 돈으로 안전과 평안을 사려고 하는 이 세대에게 여전히 유효한 진리입니다.

한 목사님이 성도들에게 던진 인상 깊은 질문이 있습니다. "하나님이 안 계시다는 말과 내 통장에 돈이 없다는 말 중 어느 쪽이 더 근심을 불러일으킵니까?" 이 질문을 자신에게도 던져보십시오. 어느 말에 더 근심이 됩니까? 즉각적으로 대답하기 어려울 수도 있습니다. 물론 일반적인 신자라면 하나님이 우리의 삶에 계시지 않는 것에 더욱 근심할 것입니다. 돈이라는 것은 하나님 안에 있고, 신자는 하나님의 능력으로 사는 자이기 때문입니다.

사실 신자 대부분은 자신이 돈을 사랑하지 않는다고 자부합니다. 그러나 백화점에서 원하는 물건을 사며 돈을 쓰거나 돈에 구애받지 않을 정도로 여유가 있는 삶을 사는 사람들을 보면 비교 속에서 자신을 한탄하는 경우가 많습니다. 스스로의 생각으로는 돈을 사랑하지 않는다고 하지만, 더 깊은 내면에는 돈에 대한 사랑이 있는 것입니다. 자신보다 더 나은 환경에 있는 사람들의 집과 차, 소유물을 보면서 자신에게는 그러한 돈이 없음을 한탄하며 근심하는 것, 이것이 바로 돈을 사랑하는 증거입니다.

혹시 자신의 인생이 하나님이 아닌 돈에 달려 있다고 생각하지는 않습니까? 우리는 한 사람이 두 주인을 섬길 수 없다는 예수님의 말씀을 항상 유념해야 합니다. 주님은 지금 우리에게 현실에서 돈을 섬기는 것은 곧 우상을 섬기는 것이라고 강력하게 말씀하십니다. 그것은 분명 하나님을 온전히 믿고 섬기는 참된 신자의 태도가 아닙니다.

인생은 돈에 달렸다고 믿었던 한 사람

인생은 돈에 달렸다고 믿었던 한 사람이 있었습니다. 그는 미국 「월스트리트 저널」에 실리기도 했던 프랭크 시몬스입니다. 기독교 저술가 카일 아이들먼은 자신의 책에서 그의 이야기를 다음과 같이 소개했습니다.

"프랭크 시몬스는 성공하기 위해서라면 무엇이든지 다 하는 남자였다. 그는 넉넉한 가정 출신이 아니었다. 그래서 그는 그렇게 계속 가난하게 살지는 않으리라 다짐했다. 그는 고등학교 시절, 어떤 일을 하면 돈을 가장 많이 벌 수 있는지에 근거하여 장래의 직업을 검토했고 의대에 진학하는 것을 고려했다. 다른 사람들을 돕고자 하는 사명감이나 열정 때문이 아니라 의사가 되면 돈을 많이 벌 수 있을 것 같았기 때문이다.

하지만 결국 주식중매인이 되기로 결정했다. 그는 대학 4학년 때 결혼하여 일찍 가정을 꾸렸다. 그러나 하루 평균 14시간씩, 일주일 내내 하루도 쉬지 않고 일하는 경우가 많았다. 그는 집에 있을 때에도 투자한 종목의 주가 변동 추이와 일에 온통 정신이 팔려 있었다. 그는 마침내 자신의 회사를 갖게 되었고 증권가에서 '타이밍 적중의 귀재'로 명성을 날리게 되었다. 그는 어떤 종목이 급격히 하락할지, 향후 어떤 종목에 투자하는 것이 가장 확실한지 언제나 아는 것 같았다.

그의 아내는 단둘이 밖에 나가 부부만의 조촐한 시간을 보내자고

남편에게 자주 부탁했다. 아이들도 빨리 자랐기 때문에 유치원이나 초등학교에서 열리는 행사에 부모가 함께 참석해야 할 일이 많아졌다는 점을 그에게 알려주려고 노력했다. 그는 그런 말을 들을 때마다 '알았어. 신경 쓸게. 다음 주면 어지간히 시간을 뺄 수 있을 거야!'라고 대답했다. 그러나 그때가 되면 언제나 또 새로운 핑곗거리를 둘러댔다. 머지않아 가족들은 더 이상 그에게 그런 부탁을 하지 않았다.

아내는 남편의 인생에서 자기가 어떤 자리를 차지하고 있는지 잘 알았고, 아이들도 아빠의 인생에서 자신들이 어떤 자리에 있는지 잘 알고 있었다. 프랭크는 가끔 가족들과 함께 교회에 나가기도 했지만, 그것은 순전히 고객들 몇 사람에게 눈도장을 찍기 위해서일 뿐이었다. 프랭크의 가족은 거의 매주 그가 없이 교회에 갔다.

프랭크는 40세가 되었을 때 자신을 자수성가한 백만장자라 불렀다. 인터넷이 급속도로 발달함에 따라 그는 온라인 투자 기회를 잡기만 하면 정말 엄청난 돈을 벌 수 있다는 것을 깨달았다. 그는 하루에도 수십 번씩 주식 상황을 확인하면서 자신의 재산이 늘어나는 것을 지켜보았다.

그 무렵 어느 주말, 그는 아내를 데리고 플로리다로 날아갔다. 곧 매입할 해변의 아름다운 주택을 보여주기 위해서였다. 가족들을 위한 꿈의 집이었다. 거기서 그는 아내에게 깜짝 놀랄 뉴스를 전해주었다. '내년 이맘때쯤 회사 주식을 공개할 거야. 진짜 인생이 시작되는 거지. 우리는 원했던 모든 것을 갖게 될 거야. 먹고 마시고 즐기면서 편한 인생을 살게 될 거야. 충분한 것 그 이상을 소유하게 될 거야!' 하지만 그의 아내는 놀라지도 감동을 받지도 않았다. 그녀는 조용히 생각했다. '당신한테는 충분하다는 게 절대 없을 걸!'
며칠 후 사무실로 돌아온 프랭크는 플로리다 해변의 그 아름다운 집을 계약했다. 그리고 바로 그날 밤, 벤츠를 몰고 사무실에서 집으로 가다가 도로의 모퉁이를 지나치게 빨리 돌아버리고 말았다. 사람들이 그를 발견했을 때 그는 이미 죽은 지 몇 시간이 흐른 뒤였다.
그의 갑작스런 죽음은 업계에서 깜짝 놀랄 뉴스가 되었다. 「월스트리트 저널」은 그의 이야기를 특집으로 보도했는데, 그에게 '통찰력 있는', '선두 주자' 같은 단어를 사용하여 그의 성공을 기렸다."[10]

이것이 돈이라는 우상을 열렬히 좇았던 한 사람의 결론입니다. 결국 돈은 그를 끝까지 지켜주지 못했습니다. 아무리 좋은 차를 타고 부자들만 사는 동네에 좋은 집을 소유했더라도 돈은 그의 생명을 지켜주지 못했습니다. 프랭크는 돈을 전능한 신처럼 숭배했지만, 그는 그 우상으로부터 끝내 보호받지 못했습니다.

돈에는 굉장한 능력이 있는 것처럼 보입니다. 하지만 돈은 결코 하나님을 대신할 수 없습니다. 예수님의 말씀처럼 사람의 생명은 참으로 그 소유의 넉넉한 데 있지 않은 것입니다. 우리의 생명은 진정 하나님께 달려 있습니다. 하나님이 우리의 생명을 주장하십니다. 우리는 이 사실을 기억하며 항상 하나님의 능력 안에서 영원한 성공, 진정한 성공을 추구해야 합니다. 돈보다도 더 영구한 평안과 안전을 하나님께

구해야 하는 것입니다.

돈은 하나님이 주시는 도구

하지만 하나님은 돈을 무시하시거나 없어도 된다고 말씀하시지 않습니다. 오히려 돈은 하나님이 주시는 선물 중 하나입니다. 우리는 이를 욥과 아브라함의 예를 통해 잘 알 수 있습니다. 돈은 악한 것이 아니며, 그 자체로는 중립적입니다. 따라서 우리는 돈을 사랑하거나 섬기지 말고, 그것이 하나님이 주신 선물임을 항상 기억해야 합니다. 그리고 주신 분을 생각하며 돈을 사용해야 합니다. 하나님은 우리에게 재물을 선물로 주시지만, 또한 그 재물을 어떻게 사용했는지 헤아리시는 분이기 때문입니다.

폴 트립은 돈과 관련된 가장 중요한 질문은 "내가 이것저것을 살 능력이 있는가?"가 아니라 "어떻게 하면 내게 이 돈을 맡기신 분께 영광을 돌리는 방식으로 사용할까?"[11]라고 말했습니다. 돈을 우상으로 둔 사람은 그 돈으로 자신의 능력을 드러내고자 합니다. 소유한 돈으로 무엇을 살 수 있을지 고민하고, 그렇게 고민 끝에 산 물건들을 보며 만족합니다. 자신이 무언가를 구입할 수 있는 여력이 있다는 것에 안도하며 이런 풍성한 돈이 곧 자신의 정체성이라고 생각하기까지 합니다. 이것이 돈을 우상으로 둔 사람의 특징입니다.

그러나 우리 생명의 안전과 영혼의 만족, 그리고 우리의 참된 정체성은 오직 하나님 안에서만 찾을 수 있습니다. 결코 돈에서 찾을 수 있는 것이 아닙니다. 그런데 수많은 사람이 돈을 우상으로 섬기며 이를 돈에서 찾으려고 합니다. 예수님의 말씀대로, 돈이 그의 주인이 됨으로써 하나님이 배제된 결과입니다.

"돈이 있어야 필요한 것을 채우며 살 수 있는데, 도대체 어떻게 하라는 말인가?"라고 반문하는 사람이 있을지도 모르겠습니다. 하지만 지금 말하고자 하는 것은 돈의 필요성 자체를 부정하자는 것이 아닙니다. 다만 돈을 사랑하거나 섬기지 말아야 한다는 것입니다. 돈은 절대로 하나님 곁에 둘 수 없으며, 결코 하나님에 견줄 만한 대상도 아닙니다. 돈은 하나님의 능력을 절대로 대신할 수 없습니다. 우리는 이 사실을 확고하게 믿어야 합니다. 만약 돈이 나의 안전과 만족을 보장하며 자신의 가치를 지켜준다고 생각한다면 큰 오산입니다. 그런 사람은 지금 하나님과 돈의 경계를 깨뜨리고 있는 것입니다.

우리는 돈이 결코 하나님의 자리에 설 수 없음을 분명히 알고 하나님과 돈의 구분을 명확히 해야 합니다. 돈은 하나님이 주시는 도구일 뿐입니다. 우리의 안전과 만족, 가치는 오직 하나님 안에 있습니다.

우리 중에는 다른 사람들보다 많은 재산과 수입을 가진 사람이 있습니다. 혹시 그는 자신이 능력이 있어서 그러한 부요함을 누리고 있다고 생각할지 모르겠습니다. 정말 그렇습니까? 그렇다면 그것은 자신이 하나님과 더불어 가진 관계를 깨고 있는 것입니다.

우리 중 어떤 사람은 적은 돈을, 어떤 사람은 많은 돈을 소유할 수도 있습니다. 하지만 이 차이는 돈이라는 우상을 좇아 섬긴 결과로 발생하는 것이 아닙니다. 돈은 하나님이 한 사람에게 허락하신 삶의 모든 상황과 배경 속에서 주어진 선물입니다. 우리 스스로 무한히 만들어낼

수 있는 것이 아니라는 뜻입니다. 우리는 하나님이 허락하신 환경 가운데 돈을 선물로 받고, 그것을 도구로 사용할 뿐입니다. 이러한 점에서 돈은 이 땅을 사는 동안 사용하는 소모품에 지나지 않습니다.

그러므로 우리는 소유의 많고 적음을 비교할 것이 아니라, 하나님이 내게 주신 분깃에 감사하며 각자의 조건에서 허락하신 물질을 어떻게 사용해야 할지를 항상 생각해야 합니다. 하나님이 많은 재물을 주셨는데 그것을 오직 자기의 욕구를 충족시키는 데 사용한다면 그는 마지막 날 하나님께 판단받을 것입니다. 하나님은 많이 받은 자에게 많이 찾으시는 분이기 때문입니다.

이처럼 우리의 삶 가운데 돈을 어느 위치에 두느냐는 매우 중요한 문제입니다. 돈을 하나님이 주신 선물로 여기며 하나님의 영광을 위해 사용하고 있는지, 아니면 반대로 나의 정욕을 충족시키기 위해 우상으로 섬기며 사용하고 있는지 가만히 살펴보십시오. 만약 자신의 재산과 수입을 다른 사람과 수시로 비교하면서 우월감에 빠지거나 혹은 원망과 분노에 휩싸인다면, 그는 이미 돈을 우상으로 삼아 살아가는 사람입니다.

그러나 생명을 유지하는 일이 하나님께 있음을 알고 하나님께 나아가 바울처럼 자족하는 삶을 구하고 배운다면, 그는 많은 돈으로 자신의 안전과 만족, 가치를 느끼는 사람보다 더 안전한 삶을 살고 있는 것입니다. 이런 사람이야말로 하나님과 피조물인 자신의 구분을 돈으로 넘지 않는 자입니다. 그는 생명의 주권자이신 하나님 안에서 자신의 삶을 유지하고자 합니다. 그는 결국 장차 완성될 하나님 나라에서 자신을 영원한 생명으로 인도하신 하나님을 바라보며 영원토록 그분을 찬양하게 될 것입니다. 구원받은 무리에 속해 보좌에 앉으신 하나님과 어린 양께 존귀와 능력을 돌릴 것입니다.

그러므로 우리는 돈을 항상 하나님의 능력 아래에 놓아야 합니다. 우리는 돈이 하나님이 주신 선물이자 도구임을 항상 기억해야 합니다. 그리하여 이를 주의 영광을 위해 부지런히 사용해야 합니다. 이 방법만이 강력한 돈의 권세를 꺾을 수 있는 유일한 방법입니다. 우리를 구원하신 그리스도 안에서 하나님의 주권을 인정하고 그분의 뜻대로 돈을 사용하기 시작할 때 돈이 우상으로서 우리 안에서 행사하던 권세가 꺾이고, 동시에 하늘에는 보화가 쌓일 것입니다.

• 성취의 우상

우리의 삶에서 하나님의 능력을 대신해 많은 사람이 숭배하는 우상은 성공과 돈 외에 한 가지가 더 있습니다. 그것은 자신의 힘과 능력을 향상시키려는 가운데 섬기게 되는 성취의 우상입니다.

하나님은 인간을 창조적인 존재로 지으셨습니다. 즉 인간은 처음부터 자신의 삶 가운데 무언가를 성취하는 존재로 지으심을 받았다는 뜻입니다. 그런데 인간은 하나님이 주신 존재의 특성을 가지고도 우상을 섬기는 데 사용합니다. 바로 자신이 성취한 바를 우상으로 섬기며 살아가는 것입니다. 성취를 우상으로 섬기는 것은 자신이 이룬 일로 스스로 만족하며 안전을 도모하려는 모든 시도를 말합니다.

그런 사람은 외적으로 보면 굉장히 성실하기 때문에 주변 사람들에게 쉽게 인정받습니다. 자신이 이룬 성취 속에서 만족과 가치를 찾는 사람들은 다른 사람들의 희생을 크게 개의치 않습니다. 또 무언가를 성취함으로써 만족하며, 안전을 느끼고, 거기에서 자신의 정체성을 확인합니다. 그런 사람은 하나님의 능력보다 자신의 능력으로 이룬 것이 더 큰 만족과 안정감을 주기 때문에 하나님을 의지하는 삶의 방식과는 완전히 다른 삶의 태도를 취합니다. 무엇보다 그들에게 가장 중요한 것은 사람들의 인정입니다. 그래서 자신이 얼마나 열심히 일하고 있는지, 또 무엇을 성취하고 있는지 떠벌리기를 좋아합니다. 심지어 자기의 가족들에게까지 그렇게 합니다.

이와 같은 성취의 우상에 빠진 사람들의 대표적인 특징 중 하나는 좀처럼 만족하지 못한다는 것입니다. 그들은 많은 일을 이루었어도 매사에 성취감을 느끼지 못하고 불만을 갖습니다. 또 무언가를 이루자마자 다음에 성취할 목표들을 생각합니다. 이 세상은 그런 사람을 성공한 사람이라고 칭찬합니다. 하지만 사실은 자신의 성취와 성공에서 모든 의미를 찾고자 하는, 즉 성취의 우상을 좇고 있는 자임을 아는 사람은 그리 많지 않습니다. 전도자는 전도서 2장에서 인생의 수고에 대해 다음과 같이 말했습니다.

> "내가 생각해 본즉 내 손으로 한 모든 일과 내가 수고한 모든 것이 다 헛되어 바람을 잡는 것이며 해 아래에서 무익한 것이로다"(전 2:11).

자신이 성취한 것 안에서 안전과 만족, 가치를 찾는 사람들은 이 사실을 알지 못한 채 끝없이 다음 목표를 향해 나아갑니다. 그리고 항상 자신과 다른 사람을 비교하면서 자신의 성공을 자랑하거나 타인의 성공을 시샘합니다.

이러한 성취의 우상은 우리의 일상에서 완벽주의 형태로 나타나기도 합니다. 무슨 일이든지 자신이 완벽하게 마무리를 지을 때 만족하는 사람이 있습니다. 어떤 사람은 자신이 원하는 위치에 모든 물건이 정돈되어야 안심합니다. 너무 사소한 것이어서 우리는 쉽게 넘어가지만, 이 모든 것의 이면에는 자신의 성취를 근거로 자기 가치를 실현하려는 욕망이 있습니다.

어떤 사람은 "너무 우상을 일반화한 것이 아닌가?"라고 반문할지도 모르겠습니다. 그러나 앞서 말한 대로, 우상은 창조주 하나님과 피조물인 인간 사이의 구분을 깨고, 하나님 안에서 찾아야 할 존귀와 위엄, 능력과 아름다움을 하나님이 아닌 다른 것에서 찾는 모든 것을 의미합니다.

그런 면에서 성취에서 자신의 안전과 만족, 가치를 찾고자 하는 것은 하나님과의 구분을 깨고 성취를 섬기는 행위라고 할 수 있습니다. 하나님의 능력 안에서 만족하는 것이 아니라 자신의 능력을 섬기는 것입니다.

우리는 보통 눈에 보이는 형상을 지닌 우상에 대해서는 강한 경계심을 갖지만, 형상을 갖지 않은 우상에 대해서는 분별하지 못하는 경우가 많습니다. 그러나 우리는 어떤 형태의 우상이든지 분별할 수 있어야 합니다. 가령 교회 일을 하면서도 우상을 섬길 수 있음을 유념해야 합니다. 교회를 섬기면서 하나님을 높이는 대신 그 모든 것을 자신의 능력으로 이룬 것처럼 스스로를 높인다면 그는 분명 성취의 우상을 섬기고 있는 것입니다.

이처럼 성취의 우상은 단순히 세속적 영역에만 국한되지 않고, 은밀한 중에 신자들에게서도 얼마든지 발견될 수 있습니다. 만일 하나님이 주신 직분과 직책을 자신의 성취의 도구로 활용하고 있다면 하나님과 자신의 구분을 깬 우상 숭배임을 알고 돌이켜야만 합니다.

"내가 하겠다"고 말씀하신 하나님

항상 자기 힘으로 무엇인가를 이루고 성취해나가려는 모든 인간에게 하나님은 "내가 하겠다"(I will)라고 말씀하십니다. 우리가 하나님 곁에 성취의 우상을 둘 것을 아셨기 때문입니다. 우리는 성경 곳곳에서 자신이 직접 행하겠다는 하나님의 말씀을 쉽게 찾아볼 수 있습니다. 아브라함을 부르실 때 하나님은 "내가 너로 큰 민족을 이루고 네게 복을 주어 네 이름을 창대하게 하리니 너는 복이 될지라"(창 12:2)라고 하셨고, 이스라엘을 애굽에서 이끌어내실 때도 "너희는 두려워하지 말고 가만히 서서 여호와께서 오늘 너희를 위하여 행하시는 구원을 보라"(출 14:13)라고 말씀하셨습니다.

이처럼 우리보다 앞서 행하시는 하나님을 보며 기억해야 할 사실 중 하나는 우리가 목표를 세우고 성취하는 일이 무엇이든 그 일의 궁극적인 목적은 항상 하나님을 인정하고 그분을 영화롭게 하는 데 있어야 한다는 것입니다. 우리는 우리의 성취를 근거로 하나님과의 구분을 깨고 하나님의 능력과 견주려 해서는 안 됩니다.

우리가 아무리 많은 성취를 이루었다 하더라도 정녕 하나님을 아는 자라면, 우리의 삶은 궁극적으로 '내가 무엇을 성취했느냐'가 아니라 '내가 누구에게 속했느냐'로 결론이 맺어진다는 사실을 기억해야 합니다. 우리의 삶의 궁극적인 의미는 오직 우리가 하나님께 속한 것에서 결정되기 때문입니다. 그러므로 우리가 성취한 일을 하나님 곁에 두지 말아야 합니다. 하나님의 능력으로 인생을 살고 있음을 잊고 나의 값싼 성취에 도취되어 사는 것은 영원하신 하나님을 일개 소모품과 비교하는 행위입니다.

그리스도인은 오직 하나님의 능력으로 사는 자입니다. 만약 자신의 성공과 환경, 돈과 성취 가운데 만족과 안정을 찾으려고 한다면 즉시 그 길에서 돌이키십시오. 자신이 하나님의 능력을 대신해 섬기고 있는 우상들이 무엇인지 면밀히 살펴보십시오. 우리는 항상 보이지 않는 성취의 우상을 경계하며 그것에게서 떠나야 합니다.

아름다움의 우상

존귀와 위엄, 능력의 우상에 이어 우리가 함께 살펴볼 우상은 아름다움의 우상입니다. 피조 세계에 존재하는 아름다움은 모두 하나님의 아름다움에 뿌리를 두고 있습니다. 그런데 하나님의 아름다움은 비단 가시적인 균형과 조화에서뿐만 아니라 죄 없으신 그분의 거룩한 인격 모두에서 발견됩니다.

이와 같은 하나님의 아름다움은 하나님 자신의 인격, 그리고 그분이 맺으신 인격적 관계 속에 더욱 크게 드러납니다. 성부, 성자, 성령 삼위 하나님 간의 인격적인 관계, 그리고 하나님이 하나님의 자녀와 맺으신 관계 속에서 하나님의 아름다움이 나타나는 것입니다. 이처럼 하나님은 자신에게 속한 아름다움을 그분이 창조하신 세계와 그 안에 존재하는 모든 만물 가운데 나타내셨습니다.

그러나 피조 세계 안에 주어진 아름다움은 인간의 범죄와 타락으로 크게 손상되었습니다. 아름다움의 원형이신 하나님과의 인격적인 관계가 파괴되자 인간은 더 이상 최고의 아름다움을 경험할 수 없게 되었습니다. 뿐만 아니라 죄의 결과로 피조 세계 안에 드러난 아름다움도 손상을 입게 되었습니다.

물론 타락 이후의 세계에도 여전히 아름다움의 흔적이 남아 있기는 합니다. 그래서 우리는 피조 세계 속에서 균형과 조화의 미(美)를 발견할 수 있습니다. 또한 거듭나서 하나님과 인격적인 관계를 맺게 된 사람들은 그 관계 속에서 하나님의 아름다움을 깊이 경험하기도 합니다.

문제는 죄로 인해 타락한 인간들이 하나님 안에서만 찾아야 하고 찾을 수 있는 아름다움을 피조물 안에서 찾기 시작했다는 것입니다. 타락 이후의 모든 인간은 하나님이 각 피조물에 허락하신 아름다움의 흔적을 피조물 자체의 아름다움으로 여기며 우상으로 섬겼습니다. 이처럼 인간은 거짓된 아름다움을 숭배하기 시작했습니다.

아름다운 외모를 최고의 가치로 여기는 오늘날의 세태는 거짓된 아름다움을 섬기는 것의 실체를 잘 보여줍니다. 정작 아름다움의 근원이신 하나님은 우리를 외모로 판단하시지 않는 반면(신 10:17), 우리는 거의 모든 것을 외모로 판단합니다. 키나 체격, 쌍꺼풀 유무 등 거의 모든 신체 조건에 대해 자신의 기준을 가지고 아름다움과 추함을 정하는 것입니다.

한 통계 자료에 따르면, 아이들은 만 3세부터 비만을 걱정하고 자기 신체의 특정 부분에 대해 불만을 갖기 시작한다고 합니다. 심지어 3세부터 6세의 아이들 중에는 옷과 화장품, 신발, 가방, 귀걸이 등으로 자신을 치장하는 경우도 있다고 합니다. 사람들이 얼마나 거짓된 아름다움에 사로잡혀 있는지를 단적으로 보여주는 사례입니다.

혹시 자신의 외모 때문에 우월감 혹은 열등감에 빠져본 적이 있습니까? 예쁘고 잘생긴 사람들을 시기하고 질투한 적이 있습니까? 내면의 아름다움에는 관심이 없고 오직 외적인 아름다움에만 신경을 쓰고 있지는 않습니까? 외모를 가꾸는 데 도움이 되는 정보들에 민감하고 온통 관심을 기울이고 있지는 않습니까? 우리는 각자의 일상에서 이와 같은 질문을 스스로에게 던짐으로써 자신이 아름다움의 우상에 빠져 있는 것은 아닌지 진지하게 고민해보아야 합니다.

외모를 가꾸는 일 자체가 죄악된 것은 아닙니다. 하지만 그것으로 자신의 가치를 높이고, 더 나아가 아름다운 외모를 소유해 그 안에서 만족과 안전을 구하는 것은 아름다움의 우상을 섬기는 것입니다. 아름다움의 근원이신 하나님과의 관계 속에서 참된 아름다움을 누리는 데는 관심이 없고 껍데기뿐인 외양을 가꾸는 데만 온 마음을 쏟는다면 결국 허무한 우상 숭배의 길로 점점 더 나아가게 될 것입니다.

아름다움의 우상을 섬기는 사람들은 수려한 외모로 모든 것을 얻을 수 있다고 크게 착각합니다. 하지만 이는 세상의 거짓말에 속고 있는 것입니다. 아무리 아름다운 외모를 가지고 있다고 하더라도 안전한 삶이 보장되지 않습니다. 도리어 아름다운 외모 때문에 파란만장한 삶을 사는 경우가 빈번합니다. 또한 아름다운 외모 자체는 결국 쇠하고 변합니다. 어느 한 시점에서 잠시 만족할 만한 외모를 가질 수는 있으나, 수시로 변하고 쇠하는 것이 우리의 외모입니다.

성경은 하나님이 우리를 고유하게 창조하셨다고 말합니다(시 139:15). 이와 같은 맥락에서 선지자 이사야는 "우리는 다 주의 손으로 지으신 것이니이다"(사 64:8)라고 고백함으로써 하나님이 우리의 외모와 상관없이 각자를 사랑하시고, 기뻐하시며, 인정하신다고 했습니다. 그러나 이 세상은 아름다움의 근원이신 하나님과 그분의 아름다움을 생각하지 않고, 그저 외모의 아름다움에 치중하고 있습니다. 그리고 그 외모를 하나님 대신 만족의 대상으로 삼고 있습니다.

• 결혼과 사랑의 우상

아름다움의 우상과 관련해 결혼과 이성적 사랑을 우상으로 삼아 살아가는 사람들이 있습니다. 어떤 이들은 사랑을 찾는 데 온 마음을 쏟습니다. 그리하여 사랑의 대상 또는 결혼의 대상을 위해 모든 것을 맞추고 자신의 외모를 가꾸기 위해 많은 애를 씁니다. 결혼과 사랑을 위해 아름다움의 우상에 얽매인 것입니다.

여기에는 사회적인 분위기도 한몫합니다. 세상에서뿐만 아니라 교회 내에서도 결혼이나 이성 교제를 하지 않는 사람들을 뭔가 불완전하게 여깁니다. 이러한 분위기 속에서 사람들은 미혼자들에게 이성적인 경험을 쌓을 것을 적극 권장하면서 결혼과 이성을 우상 삼아 섬기도록 부추깁니다.

만약 자신이 결혼이나 이성 교제를 하지 못했다는 이유로 스스로를 불완전하다고 여기거나, 혹은 자신의 배우자가 가진 외모와 조건을 비관하며 잘못 결혼했다고 생각한다면 분명 그는 결혼과 이성을 우상으로 섬기고 있는 것입니다. 세상은 결혼과 이성적 사랑에서 진정한 아름다움을 찾을 수 있다고 말합니다. 특히 아름다운 외모를 가진 배우자를 만나서 사랑을 하는 것이 무엇보다 가치 있다고 말하며 결혼과 사랑의 참된 가치를 조장하고 있습니다.

하지만 이 세상이 말하는 외모나 조건에 의한 사랑, 그리고 아름다움에 대한 추구는 모두 허상에 불과합니다. 죄가 있는 조건에서 인간이 추구하는 아름다움은 결코 참될 수 없으며 그 끝은 허무와 실망으로 귀결될 뿐입니다.

- **성의 우상**

아름다움의 우상, 그리고 결혼과 이성적 사랑을 우상으로 섬기는 사람들이 대부분 열렬히 추구하는 또 하나의 우상은 바로 성의 우상입니다. 폴 트립의 말처럼, 이 세상은 성에 광기가 들려 있습니다. 분명 성은 하나님이 선물로 주신 것입니다. 그럼에도 불구하고 오늘날 많은 사람이 성의 신을 숭배하고 있습니다.

옛날 사람들은 자식을 얻기 위해 남근과 여근의 형상을 닮은 자연물이나 조형물을 섬겼지만, 오늘날의 사람들은 그 정도를 넘어섰습니다. 온통 성 자체에 관심을 두고 열망하며 끌려감으로써 성의 우상을 섬기고 있습니다. 죄로 인해 아름다움에 대한 왜곡된 이해와 열망이 성에 대한 잘못된 인식과 연결되어 하나님이 주신 본래의 목적과 어긋나게 성을 우상으로 삼아 섬기게 된 것입니다. 심지어 대부분의 사람들은 자신이 그 우상을 섬기고 있는지도 알아채지 못하고 있습니다.

예나 지금이나 성의 우상은 인간의 삶에 밀착되어 강력한 영향력을 행사합니다. 미국에서는 포르노 산업이 거대한 수익을 창출해 미국 4대 방송사의 총수입보다 많다고 합니다. 우리나라도 수면에 드러나지 않았을 뿐이지, 성과 관련된 산업의 규모가 엄청납니다.

그러나 우리가 분명히 알아야 할 사실이 있습니다. 성은 단순히 우리 몸의 문제로 끝나지 않는다는 것입니다. 성은 하나님이 창조하셨기 때문에 하나님과 무관하게 생각할 수 없습니다.

우리는 하나님이 나를 창조하셨고, 그 가운데서 나의 성도 창조하셨기에 나의 존재뿐만 아니라 나의 성까지도 하나님의 소유라는 사실을 분명히 알아야 합니다. 하나님이 피조 세계에 다양한 것들을 허락하셔서 인간이 누리도록 하신 것과 같이 성 또한 우리의 기쁨을 위해 하나님이 선물로 주신 것입니다.

그러나 우리가 잊지 말아야 할 사실이 있습니다. 하나님이 선물로 주신 성이라 할지라도 인간의 궁극적인 기쁨이 될 수는 없다는 것입니다. 하나님이 피조물인 우리에게 주신 기쁨은 그것이 무엇이든지 더 큰 기쁨을 향하도록 하는 데 그 목적이 있습니다. 그 궁극적인 기쁨은 모든 아름다움의 근원이 되시는 하나님의 아름다움과 그분의 영광을 바라보는 것입니다. 그러므로 "먹든지 마시든지 무엇을 하든지 다 하나님의 영광을 위하여 하라"(고전 10:31)라는 명령에는 성을 사용하는 문제 역시 포함되어 있습니다. 우리는 성을 사용하는 것도 하나님의 영광을 위해서 해야 합니다.

성적 요구가 나타내는 신호

그러므로 하나님을 갈망하는 것 대신에 성으로 자신의 욕구를 채우려 한다면 그는 성을 우상으로 섬기고 있는 자입니다. 이 시대는 이러한 경향을 강하게 나타내고 있습니다. 한 통계 자료에 따르면, 우리나라 사람들은 하루에 10회 이상 성에 관해 생각한다고 합니다. 스마트폰을 통해 접하게 되는 영상이나 이미지, 지하철에 붙은 화보, 지나가는 사람의 외모 등에 자극을 받아 특정 장면이나 생각을 품는다는 것입니다.

젊은 세대의 경우 다른 세대보다 훨씬 더 노골적으로 성에 접근합니다. 이제는 갓 고등학교를 졸업한 학생들도 스스럼없이 자신들의 성경험을 주고받습니다. 심지어 중고등학생들 사이에서도 점점 심하게 나타나고 있습니다. 그러는 가운데 대학을 졸업할 때까지 연애 경험이

나 성 경험이 없으면 바보 취급을 받기까지 합니다. 이것이 바로 하나님과의 구분을 깨고 성의 우상을 섬기는 인간의 모습입니다.

그러나 우리가 성의 우상을 섬기게 되면 그 결과는 매우 부정적입니다. 카일 아이들먼은 성의 우상은 우리에게 뜻밖의 외로움과 허무함을 안겨준다고 말했습니다. 부부의 경우, 이러한 외로움과 허무함이 부부 관계에 균열을 가해 결국 이혼까지 이르게 한다고 지적했습니다. 이처럼 성의 우상은 한 사람에게 무자비한 폭군이 되어 그 삶을 철저하게 파괴합니다. 성의 우상을 섬기면 사람들은 본능에 따라 살게 됩니다.

이제 막 성에 대해 알아가기 시작한 학생부터 청년들과 장년들까지 성을 우상으로 섬길 가능성은 농후합니다. 그러나 그 유혹에 넘어가면 성에 예속되어 온갖 부정적인 결과를 안은 채 삶을 살아가야 합니다. 잘못된 성 경험은 단순히 좋은 경험으로 끝나지 않습니다. 오히려 우리의 인생에 있어서 매우 무거운 책임과 함께 쉽게 지워지지 않는 강렬한 흔적들을 남깁니다.

그러므로 우리는 성적 욕구에 대한 올바른 이해를 가져야 합니다. 성적 욕구는 사실 하나님의 아름다움을 갈망하라는 신호입니다. 만약 자신 안에서 성적인 욕구가 지속된다면 그 욕구는 바로 하나님 안에서 궁극적인 기쁨과 만족을 구하라는 신호라는 사실을 기억해야 합니다.

G. K. 체스터턴(G. K. Chesterton)은 "사창가의 문을 두드리는 사람은 누구나 하나님을 찾고 있다"[12)]고 말했습니다. 하나님 안에서 안식을 얻기 전까지 모든 인간은 그 마음에 평안을 얻을 수 없기 때문에 사창가에서라도 무언가를 찾아보고 싶어 한다는 것입니다. 확대해서 말하

면, 하나님 안에서 찾아야 할 아름다움을 성에서 찾으려 하는 것은 아직 그가 하나님의 아름다움을 알지 못해 참된 안식과 기쁨을 경험하지 못한 자라는 증거입니다.

우상의 다양성

하나님 밖에서 삶의 공허함을 채우려는 것은 곧 우상을 하나님으로 섬기는 것과 같습니다. 이에 대해 팀 클린턴(Tim Clinton)은 "'무엇'이 됐든, '누구'가 됐든 하나님이나 하나님 방식에 따라 사는 삶에서 벗어나게 만드는 것은 다 우상이다"[13]라고 말했습니다.

그렇다면 우리는 생각보다도 훨씬 많은 우상이 있다는 사실을 깨닫게 됩니다. 하나님에게서 벗어나게 하며 하나님 대신 최고의 만족의 대상으로 삼은 것이 있다면 그것은 모두 우상입니다. 우리가 흔히 즐기는 스마트폰부터 시작해서 컴퓨터, 게임, 각종 매체, 스포츠 등은 언제든지 우리의 우상이 될 수 있습니다.

카일 아이들먼은 이러한 우리의 현실을 "오락의 신"으로 표현함으로써 온갖 오락이 우리의 우상이 될 수 있다는 사실을 지적했습니다.[14] 실제로 영국에서는 축구가 거의 종교라고 보아도 무방할 정도로 강력한 영향력을 갖고 있습니다. 심지어 '축구 종교'(Football Religion)라는 말이 나올 정도입니다. 이처럼 우상은 우리 안에 얼마든지 다양한 형태로 존재할 수 있습니다.

나의 일상에 하나님보다 깊이 파고든 것은 무엇입니까? 게임, 각종 취미, TV 드라마나 프로그램, 스마트폰, 컴퓨터 등이 하나님의 자리를 대체하고 있지는 않습니까? 자신이 즐기는 일들을 하지 못하게 되었을 때 어떤 반응이 일어나는지 곰곰이 생각해보십시오. 짜증이나 분노가 일어나지는 않습니까? 만일 그러한 즐길 거리에 몰두하며 무엇인가 자기 의도대로 되지 않을 때 신경질적인 반응까지 보인다면 그 사람은 우상을 섬기고 있는 것이 분명합니다.

우리는 카일 아이들먼이 "섹스의 신을 섬기면 추한 부끄러움만 얻게 되고 오락의 신을 섬기면 불안한 권태만 얻게 된다"[15]고 한 말을 기억해야 합니다. 나의 즐거움을 위해 오락을 한다고 생각하지만, 정작 기대했던 즐거움은 얻지 못한 채 지루함과 권태에 빠지게 되기 쉽습니다. 더 나아가 자기 삶의 다른 중요한 부분들에 소홀하게 되고, 심지어 무감각해지기까지 합니다. 이 모든 것이 하나님 안에서 찾아야 할 만족과 기쁨을 다른 것들에서 찾음으로써 맞이하게 되는 결과입니다.

진정 우상을
버릴 수 있는가?

지금까지 살펴본 것처럼, 인간은 하나님과 피조물 간의 근본적인 구분을 깨뜨리면서 하나님의 위엄과 존귀를 모방한 여러 우상들을 열렬히 섬기고 있습니다. 하나님의 아름다움을 모방한 우상들도 죄인 된 인간의 갈망과 숭배의 대상입니다. 또한 성공, 돈, 성취, 아름다운 외모, 성적 충동, 오락 등은 오늘날 사람들의 마음을 매우 강력하게 사로잡고 있습니다.

더 심각한 사실은 신자들 중에서도 자신이 일상에서 제1계명을 범하고 있다는 사실을 모르는 사람들이 많다는 점입니다. 불상처럼 가시적인 형상을 섬기는 행위는 경멸하면서, 형체 없는 우상들에 대해서는 별다른 경각심을 갖지 않습니다. 오히려 자신의 마음을 보이지 않는 우상들에게 더 많이 쏟고 있습니다.

성경은 우상을 섬겼던 이스라엘 백성을 통해 우리를 교훈합니다. 질투하시는 하나님은 이스라엘에게 끊임없이 우상을 버리라고 말씀하셨습니다. 이 명령은 하나님의 백성인 우리에게도 유효합니다. 우리 역시 일상에서 섬기는 우상들을 버리고 제1계명에 순종해야 합니다.

분명 인간이 우상을 버리는 일은 쉽지 않습니다. 오랜 세월 동안 자기의 삶 속에서 추구하고 숭배했던 대상을 단번에 버리기란 좀처럼 생각하기 어려운 일입니다. 자신의 모든 인생을 바쳐 이룬 성공과 부요함, 성취를 모두 뒤로하고 하나님의 능력 안에서 사는 것은 스스로의 힘으로는 불가능합니다. 매일 자신에게 위안을 주던 오락과 취미를 내려놓고 하나님 안에서 만족과 기쁨을 찾는 것은 쉽게 상상이 되지 않습니다.

하지만 참된 그리스도인이라면 이토록 오랫동안 섬겨온, 그리고 자신의 삶에 깊이 뿌리내린 온갖 우상을 버리고 하나님께 나아가는 회심에서뿐만 아니라, 그 이후에 다시 유혹을 받아 일시적으로 갖게 된 우상에서 돌이키는 데서도 성령의 도우심을 힘입어 결국 우상을 버리게 될 것입니다. 우리의 힘으로는 우상을 버리는 것이 불가능합니다. 하지만 우리 안에서 말씀을 통해 역사하시는 성령 하나님이 우리를 도우시기 때문에, 성령을 의지하는 자는 결국 자신이 손에 쥐고 있던 온갖 우상을 버리게 될 것입니다.

그러므로 우리는 우상에서 돌이킬 수 있도록 하나님께 힘을 다해 간구해야 합니다. 우리의 힘으로는 매우 작은 우상조차도 뿌리칠 수 없지만, 오직 하나님만 섬기게 해달라고 주님께 도움을 구해야 합니다. 실로 하나님은 우리 안에서 이러한 일을 가능하게 하시는 분입니다.

아직 우상으로부터 돌이키고자 하는 마음이 일어나지 않습니까? 하나님 곁에 다른 신을 두지 말라는 거룩한 명령을 들을 때 거부감이 생기고 그 말씀에 반응하고 싶지 않습니까? 그렇다면 이는 성령이 거하시지 않기 때문입니다. 성령이 거하시는 신자라면 자신 안에 많은 문제가 있다고 할지라도 모든 우상을 내려놓기를 원할 것이며, 결국 성령 하나님을 의지해 회개함으로 하나님께 나아가고자 할 것이고, 그렇게 될 것입니다.

하나님은 "너는 나 외에는 다른 신들을 네게 두지 말라"라는 거룩한 명령에 반응하려는 참된 신자들을 결코 외면하시지 않습니다. 그들이 우상을 버리고 하나님께 나아가고자 할 때 하나님이 그분의 능력으로 그 일을 가능하게 하실 것입니다.

만약 하나님의 백성이면서도 좀처럼 회개로 나아가려고 하지 않는다면 하나님은 징계를 통해서라도 자기 백성을 돌이키게 하실 것입니다. 그들이 삶 속에서 처절한 실패와 상실, 실망을 경험하게 하셔서라도 그리하실 것입니다. 왜냐하면 하나님은 질투하시는 하나님이기 때문입니다. 이러한 하나님의 역사하심은 오늘날 우상을 섬기는 우리에게도 예외일 수 없습니다.

05

하나님 곁에 두는
'나'라는 우상

"너희가 그것을 먹는 날에는
너희 눈이 밝아져 하나님과 같이 되어
선악을 알 줄 하나님이 아심이니라" _ 창 3:5.

앞서 하나님과 피조물 사이의 구분을 깨고 인간이 섬기는 우상이 무엇인지를 고찰했습니다. 이제 인간이 섬기는 우상들 중에 가장 강력한 우상, 곧 인간이 하나님과의 관계를 깨면서까지 만들어내고자 했던 '나'라는 우상에 대해 살피고자 합니다. 지금까지 창세기 3장 5절이 말하는 우상의 근원에 대해 알아보았다면, 그 연장선상으로 다른 신의 자리에 자신을 두려는 인간 중심을 숙고해보겠습니다.

스스로 신이 되고자 한
아담과 하와

사탄은 하와에게 선악을 알게 하는 나무의 열매를 먹

으면 하나님과 같이 되어 선악을 알게 될 것이라고 말했습니다. 우리는 이러한 사탄의 제안에 주목해야 합니다. 하와는 사탄의 제안을 듣고 무엇을 기대했을까요? 하나님과 피조물 사이의 경계를 넘으면 자신이 어떤 신이 될 것이라고 예상했을까요?

적어도 하와는 하나님으로부터 독립한 신, 하나님을 의지하는 대신 스스로의 힘으로 살아가는 신을 생각했을 것입니다. 왜냐하면 사탄이 하와에게 "하나님과 같이 되어 선악을 알게 될 것"이라고 말해주었기 때문입니다. 실제로 하와는 그 말을 듣고 하나님과 자신의 구분을 무시했습니다. 곧 하나님처럼 자신도 선악을 아는 존재가 되고자 했던 것입니다.

크리스토퍼 라이트는 여기서의 선악을 아는 것을 "선과 악을 스스로 규정할 수 있는 권리", 즉 도덕적 자율성으로 정의했습니다.[16] 본래 선과 악을 규정하는 것은 하나님의 고유 권한입니다. 오직 하나님만이 선과 악이 무엇인지를 결정하실 수 있습니다. 그러나 인간이 스스로 선과 악을 결정하고 판단한다면 하나님의 고유한 특권을 빼앗는 반역이 발생할 뿐만 아니라, 그 결과 심각한 도덕적 왜곡과 혼란까지 야기됩니다.

그럼에도 불구하고 아담과 하와는 자신이 신이 되어 선악을 알 것을 기대하며 하나님과 피조물의 경계를 넘어서고 말았습니다. 물론 그 경계를 넘어섰다고 해서 인간이 최고의 선이신 하나님처럼 선과 악을 규정하게 되는 일은 불가능합니다. 대신 나름의 기준으로 선과 악을 정의 내릴 뿐입니다.

한 가지 흥미로운 점은 하나님이 반역한 자를 향해 "이 사람이 선악을 아는 일에 우리 중 하나같이 되었으니"(창 3:22)라고 말씀하셨다는 사실입니다. 하나님도 인간의 변화된 상태에 대해 인정하셨습니다. 그러나 하나님의 말씀의 진의는 아담과 하와가 하나님과 같은 신성을 가진 자들이 되었다고 인정하신 것이 아니라, 그들 스스로 신이 된 것처럼 여기는 상태에 빠졌다는 선언이었습니다.

여기서부터 모든 문제가 시작되었습니다. 자신이 신인 것처럼 행동하는 인간 중심은 모든 악을 분출하는 샘이 되었습니다. 그들은 하나님이 하시는 것처럼 선과 악을 스스로 결정하기 시작했습니다. 이것이 바로 인간이 스스로를 신으로 여기게 된 배경입니다.

신이 되고자 한 인간은 누구에게도 통제받기를 거부했습니다. 자신이 모든 것 위에 군림해 최고 결정권자가 되고자 했습니다. 그래서 인간은 자신의 결정권을 신처럼 여깁니다. 실제로 인간에게는 남들에게 간섭받는 것을 싫어하는 경향이 있음을 쉽게 발견하게 됩니다. 아무리 가까운 사이일지라도, 심지어 연인이나 가족 사이라 하더라도 자신이 자유롭게 결정권을 행사할 수 있는 영역을 침범하는 일을 허용하지 않는 것을 보면, 인간은 지배받거나 종속받는 것에 대해 거부감이 있다는 사실을 알 수 있습니다. 그 누구도 그렇게 하라고 가르쳐주지 않았음에도 불구하고, 인간은 본능적으로 자신을 보호하려고 하고, 또 높이려고 합니다.

결국 인간은 스스로 신이 되기를 선택함으로 비참한 우상 숭배에 빠졌습니다. 하나님은 타락한 인간이 그 상태에서 영생하는 것을 막으시려고 생명나무에 접근하지 못하게 하셨습니다.

우리는 자신을 신으로 삼은 인간의 반역의 근원과 배경을 명확하게 확인해야 합니다. 반역한 인간은 스스로 옳다 여기며 모든 것을 자신이 결정하고자 합니다. 그래서 이 땅에 태어나는 모든 인간은 본성적으로 하나님을 왕위에서 물러나시게 하고 자신이 선악의 결정권자가 되어 삶을 살아갑니다.

도덕적 자율성이
노골적으로 높여지는 시대

이 세상에 존재하는 모든 우상의 배경에는 신이 되고자 하는 인간이 존재합니다. 지난 역사 속에서는 권력을 가진 왕들이 자신을 신격화한 사례들이 반복되어 나타났습니다. 고대 두로의 왕들이나 로마 황제들이 그 예입니다. 그러나 사실 그들은 단지 다른 사람들보다 신이 되고자 하는 욕망을 특출하게 드러냈을 뿐입니다. 이 땅을 사는 모든 인간에게는 그와 같은 도덕적 자율성이 있어서 스스로 하나님과 같이 되어 행동하고자 합니다.

오늘날 심리학이나 포스트모더니즘이 주장하는 정신은 이미 아담과 하와가 하나님과의 구분을 깨고 하나님처럼 되고자 했을 때부터 드러나기 시작했습니다. 그러므로 현 시대의 사람들이 선과 악을 자율적으로 결정하려고 하는 것은 타락한 본성에 의한 것이지, 일시적인 시대

정신을 따른 것이 아닙니다.

　과거에는 사회의 관습이나 종교적인 억압, 공산주의와 같은 사회 이념 등에 의한 절대적인 기준이 있었습니다. 그래서 절대적 통념 아래 있던 인간은 자신의 도덕적 자율성을 마음껏 분출할 수 없었습니다. 이미 본성적으로 하나님이 되고자 하는 욕망이 있음에도 불구하고 한 국가와 사회를 통제하고 있는 절대적 기준들 때문에 그 뜻을 제대로 실현할 수 없었던 것입니다.

　그러나 우리가 사는 시대는 인간의 자율성을 법으로 보호합니다. 인권이라는 이름으로 각 개인이 도덕적 자율성을 실현할 수 있게 되었습니다. 특정 국가를 제외하고, 대부분의 국가에서는 그 일이 합리적이며 인간을 존중하는 것이라고 확신합니다. 그리고 이러한 공감대는 범세계적인 것이 되어서 이 시대를 살아가는 거의 대부분의 사람들에게 영향력을 발휘하고 있습니다.

　오늘날의 포스트모더니즘은 그러한 시대정신을 잘 반영하고 있습니다. 어른뿐만 아니라 아이들마저 이 가치에 물들어 있습니다. 부모나 교사가 올바른 가치관에 대한 훈육을 시도할 때 많은 아이가 곧장 자신이 원하는 일에 간섭하지 말라고 퉁명스럽게 대답하곤 합니다. 결국 자신이 하고 싶은 것이 곧 선이라는 논리가 깊게 스며들어 있음을 나타내는 것입니다. 이것이 바로 창세기 3장 5절에 기록된 것처럼 하나님과 같이 되려는 인간이 행하는 바입니다.

　그러나 이제는 선악을 자율적으로 규정하려는 인간을 통제할 절대적 기준점들이 거의 존재하지 않습니다. 하나님의 말씀은 무시되고 있고, 느부갓네살이 세운 거대 신상 같은 것도 효력을 발휘하지 못합니다. 자율적으로 선악을 결정하는 것이 최고의 가치라고 믿는 풍토를 바꿀 만한 지배적인 가지가 눈에 띄지 않습니다.

법마저도 한 개인의 가치와 결정을 존중합니다. 최근에는 사형제 폐지에 대한 목소리가 높아진 가운데, 아무리 극악한 범죄를 저지른 자라 하더라도 사형은 비인도적인 처사라는 여론이 팽배합니다. 이것이 인간을 대하는 오늘날 우리의 모습입니다. 선은 더 이상 누가 정하는 것이 아니라 자신이 정합니다. 그리고 악은 내가 원하는 것을 못하게 하는 것입니다. 절대적인 의미의 선과 악은 전혀 중요하지 않습니다. 이 시대의 사람들에게 가장 중요한 것은 오직 '내가 하고 싶은 일을 할 수 있게 하느냐, 하지 못하게 하느냐'입니다.

아담의 타락 이래로 모든 인간은 자신이 선과 악을 결정하고자 했습니다. 그리고 마치 자신이 신이 된 것처럼 행세했습니다. 동시에 자신의 취향과 선택마저도 신으로 추앙했습니다. 인간의 모든 것을 신처럼 받드는 가치관은 하나님과 사람의 구분을 폐기하고 우상 숭배의 길을 걷는 자들이 나타내 보이고 있는 결론입니다.

모든 사람이 섬기고 있는
'사랑받겠다'라는 우상

그러나 인간의 자아도취적 우상 숭배는 여기서 그치

지 않습니다. 인간은 자의적으로 신이 된 자신을 사랑하는 것으로 그 정도를 더해갑니다. 자기 사랑은 자기중심성과 이기심을 드러냅니다. 그리고 자신을 끔찍이 사랑할 뿐만 아니라 다른 사람도 자신을 사랑하기를 요구하며 갈망합니다. 에드워드 웰치(Edward Welch)는 미국인의 예를 들어 이 같은 욕망을 다음과 같이 설명했습니다.

"미국인은 돈, 건강, 미, 날씬함, 존경, 권력, 쾌락, 안락을 우상으로 섬긴다. …그리고 또한 '사랑받겠다'라는 우상을 섬긴다."[17]

여기서 웰치가 말한 '사랑받겠다'라는 우상은 창세기 3장 5절의 결론으로 파생된 신입니다. 스스로 신이라 여기기 때문에 다른 사람까지도 자신을 사랑해야 한다는 중심이 반영된 신입니다. 심리학이나 포스트모더니즘은 이를 '자아 숭배'라고 표현하며 사람들을 부추깁니다. 그러나 이러한 열망은 사실 피조물인 인간이 하나님과 자신 사이에 존재하는 근본적인 구분을 깨뜨렸을 때 나타나는 본성적 반응입니다.

이 땅에 태어난 모든 인간은 본능적으로 자기를 사랑하기 때문에 이를 우상으로 생각하지 않습니다. 그러나 성경은 이것이 단순히 본성의 문제가 아니라, 엄연한 우상이라고 선언합니다. 모든 사람은 이 우상을 섬기고 있습니다. 그래서 설령 종교를 믿지 않는 무신론자라 하더라도 자신만큼은 신으로 여기며 살아갑니다. 스스로 자각하지 못할 뿐 자신이 신이 되어 자신을 사랑하며, 다른 사람들에게 사랑받기를 갈망하고, 자기를 위한 삶을 사는 것입니다.

- **'사랑받겠다'라는 우상에게서 벗어날 수 있는 유일한 길**

'사랑받겠다'라는 우상에서 벗어날 수 있는 유일한 길은 예수 그리스도를 믿는 것입니다. 예수를 믿어 자기를 부인하는 사람은 우상을 내려놓을 수 있습니다. 달리 말하면, 예수를 믿음으로 자기를 부인함으로써 하나님과 자신의 구분을 다시 명확하게 할 수 있는 것입니다. 그 결과 그는 더 이상 선악을 스스로 결정하지 않고 선악의 결정권자이신 하나님의 결정을 따라 살 수 있습니다. 곧 하나님의 말씀을 따라 온전한 길로 걸어갈 수 있습니다.

이것이 바로 회심한 사람의 모습입니다. 그래서 회심한 사람은 더 이상 '사랑받겠다'라는 우상에 얽매여 살지 않습니다. 오히려 자기를 부인하고 그리스도의 죽음 안에 나타난 형용할 수 없는 사랑을 깨달아 하나님을 사랑하고 이웃을 사랑하는 삶을 알고 누리게 됩니다.

그러므로 누구든지 예수 그리스도가 아니고서는 이 우상에게서 벗어날 수 없습니다. 예수를 만나기 전까지는 자신을 우상으로 둘 뿐만 아니라, '사랑받겠다'라는 우상을 섬기며 자신의 세계 안에 갇혀 살 수밖에 없습니다.

- **'사랑받겠다'라는 우상이 드러나는 방식**

그렇다면 '사랑받겠다'라는 우상은 어떤 방식으로 드러날까요? 역설적이게도 다른 사람들을 지배하려는 방식과 태도로 그 모습을 드러냅니다. 이 우상은 끊임없이 다른 사람을 향해 자신이 원하는 바를 표현하면서 자신의 영향력을 행사합니다. 그 과정에서 다른 사람들을 지배해 그 위에 군림하려는 열정을 쏟아냅니다.

어린아이에게서도 이 우상은 쉽게 발견됩니다. 자신이 원하는 소원을 들어주지 않을 때 아이들은 울면서 사랑받고자 하는 자신의 뜻을 관철시키고 맙니다. 그야말로 울음을 통해 자신의 사랑받고 싶고, 또 다른 이들을 지배하려는 욕망을 드러내는 것입니다.

어떤 사람들은 이 욕망을 실제적인 우상을 섬기는 것과 연결시키기도 합니다. 자신이 원하는 특정 우상을 만들어 섬김으로써 그 이면에서는 자신이 사랑받고 싶다는 욕망을 분출하는 것입니다. 결국 인간은 모든 우상의 주체자가 되어 다양한 형태의 온갖 우상을 만들어 섬기는 일을 행합니다. 그래서 이 세상에 존재하는 모든 우상은 하나님과의 구분을 깨고 자신이 신이 되어 선악을 결정하는 가운데 사랑받겠다는 인간의 지배적인 욕망에서 시작되었다고 해도 과언이 아닙니다.

지배적인 열정은 하나님을 조종하려는 태도로 이어집니다. 하나님을 자기가 원하는 것을 이루어주는 대상 정도로 생각하며 자신의 뜻을 주입하고자 하는 것입니다. 이러한 태도는 결국 하나님을 지배하려는 것으로, 하나님을 우상 수준에서 대하는 것과 마찬가지입니다. 그런 사람은 사실상 성경이 말하는 하나님을 알지 못하거나, 아니면 일시적으로 '사랑받겠다'라는 우상을 하나님 곁에 두고 섬기고자 하는 유혹에 빠졌을 수 있습니다.

우리는 이 내용을 매우 주의 깊게 살펴봐야만 합니다. 앞서 3장에서 살펴본 우상의 4가지 근원적인 조건과 더불어 지금 다루는 자기 숭배의 우상이 드러나는 방식을 주목해야 합니다. 이상의 기준들을 토대로 우리는 우리 내면에 존재하는 우상을 분별할 수 있어야 합니다. 하나님을 자신이 원하는 것을 얻으려는 욕망으로 섬기는 것은 결국 자신이 신이 되었기 때문에 나타나는 현상입니다. 또 하나님이라는 대상으로부터 자신이 사랑받겠다는 의지의 표현입니다.

그러므로 기복 신앙은 기독교 신앙이라고 할 수 없습니다. 아무리 하나님을 믿는다 해도 '사랑받겠다'라는 우상의 기저를 가지고 하나님을 조종하려는 것이기에 왜곡된 신앙입니다. 그것은 사실상 하나님을 믿는 것이라 할 수 없습니다. 가장 결정적으로, 기복 신앙을 가진 조건에서는 제1계명을 지킬 수 없습니다.

진정 하나님을 참되게 믿고자 한다면 반드시 성경의 계시를 따라 하나님을 인정하며 신뢰해야 합니다. 하나님을 영화롭게 하지 않으면서 자신의 이기심만 채우려는 것은 하나님을 제한하고 축소하는 행위입니다. 하나님과의 경계를 허물고 스스로 신이 되어 선악을 결정하려는 인간은 모두 우상을 통해 자신이 원하는 바를 얻어내고자 합니다.

이 사실을 통해 우리는 한 가지 결론에 이르게 됩니다. 이 땅에 존재하는 모든 우상 중에서 가장 강력한 신은 바로 우리 자신이라는 사실입니다. 모든 수단을 동원해서 자신을 숭배하고자 하는 욕망이 인간에게 있기 때문입니다. 그러므로 우리가 신앙과 삶에서 열심을 내고 있다면 어떤 이유에서 열심을 내고 있는지 면밀히 살펴야 합니다. 혹여나 하나님이라는 이름을 운운하면서 자기의 욕망을 채우려 하고 있지는 않은지 돌아봐야만 합니다.

모든 우상의
근원에 있는 신

　　　　　　이처럼 우상 숭배의 근원에는 자기 자신이 있습니다. 비록 인간이 우상을 만들어 섬기는 것처럼 보이지만, 우상의 기저에는 인간이 하나님이 되어 자신이 원하는 것을 얻고자 하는 지배적인 열정이 숨겨져 있습니다. 고대 사람들이 섬겼던 바알과 태양신, 오늘날의 사람들이 섬기는 돈, 성공, 쾌락, 성의 신 안에는 형태만 다를 뿐 자신의 욕망을 실현하려는 '나'라는 신이 존재합니다.

　과거 이스라엘 백성이 그 예를 선명하게 드러냈습니다. 그들은 시내산에서 금송아지를 만든 후 자신들을 애굽 땅에서 인도하여 낸 신이라고 공표했습니다(출 32:4). 이때의 '하나님'은 실제 성경에 계시된 하나님이 아니라 그들이 생각해서 만들어낸 하나님이었습니다. 아무리 금송아지를 일컬어 '애굽 땅에서 인도하여 낸 신'이라고 지칭했어도, 그들은 우상을 제작함으로 제2계명을 어긴 것입니다. 그들은 하나님과 자신 사이의 경계를 무시하고 금송아지를 향해 "이것이 하나님이다"라고 스스로 정의했습니다. 즉 우상을 만들어 자신들의 욕망을 투사한 것입니다.

　그런데 이러한 왜곡과 조작은 비단 이스라엘 백성에게만 국한되지 않습니다. 오늘날 교회를 다니는 사람들도 동일한 일을 행합니다. 하나님, 예수 그리스도, 구원자, 전능자 등 다양한 이름을 사용하지만, 그 이름을 향해 자신의 욕망을 투사하는 경우가 많습니다. 이스라엘 백성처럼 '하나님'이라는 우상을 섬기는 것입니다. 그들은 '하나님이 누구이신가'보다 '하나님이 내가 원하는 것을 들어주실 수 있는가'에 더 큰 관심을 갖습니다. 그리고 하나님께로부터 자신이 기대하는 것을 끌어내기 위해 하나님을 조종하는 일을 서슴지 않습니다.

우상 숭배의 역설

이미 지난 역사 속에서 일어난 수많은 우상 숭배 사례들이 보여주듯이, 우상 숭배에는 역설이 있습니다. 우상을 향해 자신의 욕망을 투영하기에 자기만족이 생길 것이라 예상하지만, 오히려 자신이 우상에게 속박되는 일이 발생합니다. 그 결과 우상을 두려워하게 됩니다. 자신들이 원해서 바알 신을 만들었지만, 바알에게 속박되어 두려움에 빠진다는 것입니다. 하나님과의 인격적인 관계 속에서 누리는 영혼의 자유와 기쁨, 안식은 결코 경험할 수 없습니다. 우상을 섬기는 이들에게 유일한 위안이 있다면 자신이 지금 어떤 신을 섬기고 있다는 자기만족입니다.

이것이 모든 우상 속에 있는 역설입니다. 인간 자신을 섬기는 일에서부터 인간이 만든 신들을 섬기는 일까지 자세히 살펴보십시오. 인간이 하나님과 같이 되고자 했다면 하나님처럼 그 어떤 것에도 얽매이지 않아야 합니다. 그러나 인간은 자신이 모든 것을 다스리기 위해 자신을 신으로 만들고 다른 우상도 만들지만, 결국 그 우상에게 속박되는 비참함에 빠집니다.

이러한 역설은 우리의 삶 속에서 쉽게 발견됩니다. 유독 다른 사람들에게 헌신적인 사람들의 경우 가족이나 주위 사람들에게 특별한 애정을 쏟습니다. 겉으로 보기에 다른 사람들보다 더 큰 사랑을 베푸는 것처럼 보입니다. 하지만 그러다가 자신이 쏟은 것만큼의 애정을 돌려받지 못하면 쉽게 낙심하고, 심지어는 상실감과 분노까지 느낍니다.

속박에 따른 박탈감은 모든 관계, 곧 가족, 직장 상사나 동료, 친구, 심지어는 교회 성도들 안에서도 드러납니다. 창세기 3장 5절과 같은 동기로 자신이 신이 되어 사랑받겠다는 의지를 교회 안에서까지 드러내는 것입니다. 만일 예수를 믿으면서도 여전히 자기연민에 빠져 있다면 '사랑받겠다'라는 우상을 끌어안고 사는 사람이 분명합니다.

타인의 사랑을 갈구하는 우상 숭배의 중심에는 사랑을 무기로 해서 다른 사람을 지배하려는 집요한 욕망이 존재합니다. 이는 하나님과 같이 된 자신이 모든 것을 지배하고 통제하려는 욕구에서 비롯됩니다. 그런데 이러한 욕구가 가진 기대와 의도와는 다르게 사람들은 자신이 강요한 사랑에 오히려 속박되는 역설적인 모습을 갖게 됩니다. 다른 사람들이 나를 사랑하기를 간절히 바라지만, 실상 자기 자신이 그와 같은 그릇된 사랑에 예속되어버리는 것입니다. 관계 속에서 수시로 드러나는 실망과 분노는 이와 같은 잘못된 자기 사랑의 추구에서 기인합니다.

사람이 서로 사랑하고 사랑받는 것은 하나님이 주신 선물입니다. 그러나 사랑을 통해 자신의 욕망을 지배적으로 드러낼 때 사랑하고 사랑받는 것은 우상이 됩니다. 그 경우 정열적으로 사랑하는 것 같지만, 실상은 자신이 사랑받겠다는 의지를 드러내는 것이나 마찬가지입니다. 이때 그의 강렬한 의지와는 다르게 사랑이 주어지지 않으면 그는 그 상황을 견디기 힘들어합니다. 이토록 특별한 자신을 사랑하지 않는 것에 대한 분노가 끓어오르는 것입니다. 그것이 바로 사랑받고자 하는 우상의 실체입니다.

여전히 오늘날의 교회 안에는 이 우상을 두고 섬기는 사람들이 많습니다. 그들은 자기 옆에 자기 사람들을 모으려고 합니다. 그러나 자신이 사랑받기 위해 사람들을 모으는 행위는 엄연한 우상 숭배입니다. 아직도 삼위 하나님이 누구이신지를 모르기에 헛된 열심을 내는 것입니다. 사랑처럼 보이는 행위를 하는 것으로 자신에게 정당성을 부여하기 전에, 사랑을 통해 지배적인 욕망을 드러내고 있지는 않은지 돌아봐야 합니다.

자아 숭배를 조장하는
오늘날의 교회들

그러나 더 심각한 문제는 오늘날의 교회들이 분별력을 상실했다는 것입니다. 많은 교회가 심리학과 포스트모더니즘의 정신을 수용해서 우상 숭배를 조장하고 있습니다. 성도들은 제1계명을 범하면서도 어떤 죄책감이나 경각심을 느끼지 못하는데, 교회는 이에 대해 침묵하고 있습니다. 심지어 어떤 교회의 경우 심리학을 동원해 우상 숭배를 격려하기까지 합니다.

그러나 옛 선지자들은 이스라엘 백성의 우상 숭배를 보고서 침묵하지 않았습니다. 오히려 쉬지 않고 우상 숭배의 실체를 밝혔고, 속히 회개할 것을 촉구했습니다. 그리고 회개하지 않으면 하나님이 결코 그대로 두시지 않는다는 사실을 확고하게 선포했습니다. 왜냐하면 하나님의 거룩하심에 따른 공의 때문에 분명한 사실을 전하지 않을 수 없었기 때문입니다. 데이비드 웰스(David Wells)는 오늘날 교회들이 자신을 우상으로 섬기는 시대에 대해 다음과 같이 말했습니다.

"성경에서 핵심이 되는 주제는 진리와 의, 죄와 은혜, 하나님의 진노와 그리스도의 죽음이다. 하지만 오늘날 너무 많은 사람에게 중요한 것은 내면적인 위안을 제공하는 것에 불과하다. …오늘날 많은 교회, 특히 복음주의 교회는 이렇게 자아를 섬기는 우상 숭배에 사로잡혀 있다. 이것은 우리가 죄라는 말을 들을 때 흔히 마음속에 떠오르는 위반 행위보다 훨씬 심각한 타락 상태다. 우리는 사소한 죄라는 모기가 접근하지 못하게 하면서도 자아라는 낙타는 집어삼킨다. 자아에 몰두하는 경향은 구약성경에 이방 종교가 보여주는 많은 복잡한 관계만큼이나 널리 퍼져 있는 우상 숭배요, 영성을 좀먹는 우상 숭배다.

이렇게 자아에 강한 애착을 보이는 태도가 고대 이방인 숭배와 똑

같은 것으로 보이지 않는다는 것 때문에 교회로 하여금 자신의 부정함에 대해 판단력을 잃게 한다. 하지만 마지막 결과는 고대의 우상 숭배만큼이나 파괴적인데, 왜냐하면 자아는 우상과 마찬가지로 지나치게 많은 요구를 하기 때문이다. 자아는 시장에 있는 신들만큼 막강한 구속력을 갖춘 중심이다.

현대 교회는 훨씬 암울했던 시대의 이스라엘 백성만큼 열심히 자아의 우상을 섬기는 죄를 범하고 있다. 자아는 자신에 대해 많은 것을 생각하고 자신을 중요시하게 만드는 교만에 세례를 베풀고서 그것을 믿음이라고 부른다."[18]

웰스의 지적과 같이 오늘날의 교회들은 자신의 본성에 따라 스스로 신이 되고자 하는 인간들의 죄를 더 이상 밝혀내지 않습니다. 오히려 내면의 평안과 위안을 제공한다는 명목 아래 그들의 죄를 용인하고 자아 숭배의 날개를 달아주고 있습니다. 그러나 참된 복음을 붙드는 교회라면 옛 선지자들처럼 우상 숭배의 실체를 밝혀서 신랄하게 지적하고, 거기로부터 돌이키도록 회개를 촉구해야 합니다. 자아 숭배에 빠지면 결코 제1계명을 지킬 수 없다는 사실을 반드시 유념하십시오. 제1계명부터 제대로 지키지 못한다면 모든 신앙생활이 위선에 빠지고 맙니다.

반드시 자신에게 물어야 할
2가지 질문

자신이 자아 숭배에 빠져 있는지 판단하기 어렵다면 다음의 2가지 질문을 스스로에게 던져보십시오. 먼저, "나는 하나님과 피조물 사이의 구분을 넘지 않고 하나님을 하나님으로 인정하고, 그분을 전적으로 의지하는 가운데 그분 안에서 안전과 만족을 구하고 있는가?"라는 질문입니다. 만일 하나님을 의지하지 않고 그분으로부터 독립해서 살고자 한다면 자신이 하나님 행세를 하며 사는 것과 같습니다. 그렇다면 자신이 우상 숭배를 하고 있는 줄 알고 회개해야 할 것입니다.

다음 질문은 "선과 악을 규정할 수 있는 유일무이한 존재이신 하나님과 그분의 말씀을 따라 살고 있는가?"입니다. 만약 자신의 기준에 따라 모든 것을 판단하고 주위 사람들이나 환경을 지배하고 통제하려 한다면 이는 분명 하나님의 고유 권한을 침범하고 있는 것입니다. 하나님을 배제하고 자신이 직접 최고 권위자, 결정권자가 되어 있을 때 이런 모습을 드러내기 때문입니다.

자신의 행동과 판단에 있어 무엇이 가장 결정적인 기준이 되고 있는지 깊이 생각해보십시오. 과연 하나님이 규정하신 선과 악을 따라 살고 있는지, 아니면 자신이 원하는 것들을 이루거나 얻기 위해 하나님이 정하신 바를 무시하고 있지는 않은지 말씀으로 밝히 비추어보아야 합니다.

남녀노소 가릴 것 없이 모든 사람은 자신이 신이 되어 이 세상을 살아갑니다. 어린아이들은 어린아이들의 방식대로, 어른들은 어른들만의 논리내로 자신의 욕구를 실현하고자 합니다. 자신이 신이 되고 싶다는 욕망은 게임의 우상, 돈의 우상, 외모의 우상, 성취의 우상, 성의 우상, 쾌락의 우상 등의 형태로 나타납니다. 내가 원하는 바를 충족시켜줄 만한 우상을 선택해 섬기기를 원하는 것입니다.

그러나 이 모든 현상은 아담과 하와처럼 하나님과의 구분을 깨고 스스로 하나님이 되고자 할 때 발생합니다. 그 결과 도덕적 왜곡과 혼란으로 말미암아 그릇된 선과 악의 기준을 따라 죄의 생활을 지속하게 됩니다. 이처럼 도덕적 자율성을 주장하려는 인간의 자세는 삶의 모든 국면에서 자신을 신으로 높이는 우상 숭배로 이어집니다.

우상 숭배에 빠지면 쉽게 죄를 분별할 수 없습니다. 아무리 예수를 믿고 교회를 열심히 다니더라도 우상 숭배에 빠지면 선포되는 말씀 앞에서 잘 반응할 수 없습니다. 심지어 마음이 강퍅해집니다. 그런 사람에게 있어서 말씀을 듣는 기준은 '선과 악을 선명하게 분별함으로 하나님을 온전히 따르게 하느냐'가 아니라, '나에게 감동을 주는가'입니다. 여기서의 감동이란 사랑받겠다는 자신의 욕구를 충족시킨 것을 의미합니다. 하나님의 존귀와 위엄, 능력과 아름다움의 실체를 알고 경험하는 감동이 아닌, 자기연민에 빠진 자에게 주어지는 위로의 말에 감동을 받는 것입니다.

이 모든 것은 우상 숭배로 말미암아 비롯된 문제입니다. 우상 숭배는 말씀마저도 자신이 듣고 싶은 대로 가려듣도록 합니다.

이처럼 '나'라는 우상이 무너지기 전까지는 결코 영적인 성장을 기대할 수 없습니다. 오히려 반복해서 죄만 지을 뿐입니다. 동시에 자신이 죄 가운데 있다는 사실조차 파악할 수 없습니다. 그 상태에서는 참된 회개도 일어나지 않을 것입니다. 우상을 내려놓지 않는다면 아무리 오랜 시간 교회를 다닌다 할지라도 신앙의 진보를 경험할 수 없습니다.

'나'라는 우상을 버리고
오직 하나님만 섬기라

그러므로 우리는 신이 된 인간의 실상을 바로 알고 그 모습이 자신에게는 없는지 확인해야 합니다. 그리고 그 모습이 발견된다면 지체 없이 회개해야 합니다. 회개하지 않으면 제1계명을 지킬 수 없습니다. 예수님이 말씀하신 것처럼, 우리는 자기를 부인하고 자기 십자가를 지고 주님을 따라야 합니다(막 8:34).

특별히 자아를 숭배하는 이 세상 현실 속에서 하나님을 믿는 우리는 우리의 정체성이 무엇인지를 분명하게 알아야 합니다. 우리는 피조물입니다. 결코 신이 될 수 없는 존재입니다. 그래서 우리는 신의 흉내를 내서도 안 됩니다. 하나님이 우리에게 원하시는 것은 예수 그리스도를 믿어 그분과 연합함으로 새로운 피조물이 되어 신의 성품에 참여하는 것입니다(벧후 1:4). 우리의 안전과 만족, 가치, 정체성, 그리고 신의 성품에 참여하는 것과 같은 특별함은 모두 오직 예수 그리스도 안에서만 갖고 확인할 수 있습니다.

이런 인간 실존을 모르는 사람들은 그저 먹고, 마시고, 즐기는 것이 인생의 전부라고 생각합니다. 남들이 부러워하는 어떤 것을 소유하는 것, 여행을 떠나는 것, 다양한 취미 생활을 하는 것 등에서 인생의 의미를 찾습니다. 겉으로 보기에는 그것에 인생의 큰 의미가 담겨 있는 것 같지만, 참된 생명과 기쁨과는 전혀 상관이 없습니다. 하나님 없이 내가 중심이 되어 먹고 마시는 인생의 결론은 죽음과 멸망입니다.

만약 우리가 정녕 하나님께로 돌아온 자라면, 예수 그리스도와 연합한 신자라면 하나님 안에 있는 자신의 정체성을 매우 선명하게 가지고 있어야 합니다. 자신이 오직 예수 그리스도 안에서, 하나님 안에서만 모든 안전과 만족, 가치를 갖는 존재라는 사실을 분명하게 알아야 합니다. 우리는 하나님을 의지하지 않고는 살 수 없습니다. 우리는 참 신이신 하나님이 결정하신 선과 악, 하나님이 계시하신 말씀을 따라 사는 것이 가장 안전하고 복된 길인 줄 알고 그 길을 따라 사는 사람들입니다.

그러므로 '나'라는 우상을 하나님 앞에서 내어던지고 항상 자신을 부인하십시오. 오직 창조주요, 주권자요, 구원자이신 하나님 안에서 살고자 하십시오. 그것이 피조물인 인간의 본래 모습입니다. '나'라는 우상을 버리기는 쉽지 않습니다. 우리의 영적 싸움의 대적 중 육체의 소욕이 나를 다시 우상으로 만드는 것이 궁극적인 목표인 양 우리 안에서 계속 꿈틀대기에 쉽지 않습니다.

그래서 진실로 그리스도의 십자가 앞에서 자기를 부인하고 주를 따르게 하시는 성령의 도우심이 간절히 필요합니다. 이를 위해 성령 하나님께 간구하며 그분의 도우심을 구하십시오. 그리하여 지독히도 끈질긴 자아 숭배의 죄악에 넘어지지 말고, 계속 자기를 부인하며 하나님께 나아가십시오. 우리 모두가 이러한 은혜를 입게 되기를 간절히 바랍니다.

06

우상을 섬김으로 생기는 기이한 현상

"그들의 우상들은 은과 금이요 사람이 손으로 만든 것이라
입이 있어도 말하지 못하며 눈이 있어도 보지 못하며
귀가 있어도 듣지 못하며 코가 있어도 냄새 맡지 못하며
손이 있어도 만지지 못하며 발이 있어도 걷지 못하며
목구멍이 있어도 작은 소리조차 내지 못하느니라
우상들을 만드는 자들과 그것을 의지하는 자들이
다 그와 같으리로다 이스라엘아 여호와를 의지하라
그는 너희의 도움이시요 너희의 방패시로다"_ 시 115:4-9.

"조각한 우상을 의지하며 부어 만든 우상을 향하여
너희는 우리의 신이라 하는 자는 물리침을 받아
크게 수치를 당하리라 너희 못 듣는 자들아 들으라
너희 맹인들아 밝히 보라 맹인이 누구냐 내 종이 아니냐
누가 내가 보내는 내 사자같이 못 듣는 자겠느냐
누가 내게 충성된 자같이 맹인이겠느냐
누가 여호와의 종같이 맹인이겠느냐
네가 많은 것을 볼지라도 유의하지 아니하며
귀가 열려 있을지라도 듣지 아니하는도다"_ 사 42:17-20.

앞 장에서 우리는 스스로 하나님과 같이 되어 선악을

규정하고자 하는 인간의 욕망의 실체를 살폈습니다. 그리고 인간이 만들어낸 모든 우상의 이면에는 결국 '나'라는 우상이 있음을 보았습니다. 이 장에서는 우상을 섬기는 이들에게 반드시 나타나는 일, 곧 '우상 숭배자는 우상을 닮는다'는 사실을 다루고자 합니다. 우리는 여기서 과거 이스라엘 백성이 선지자들의 반복되는 경고에도 불구하고 우상으로부터 돌이키지 않은 이유를 깨닫게 될 것입니다. 우상이 우리에게 가져다주는 결과를 선명하게 바라봄으로써 그 교훈을 마음 깊이 새길 수 있기를 바랍니다.

성경은 우상에 대해 어떻게 말하는가?

시편 115편 기자는 우상에 대해 '생명이 없는 돌덩어리' 정도로 단순하게 표현하지 않았습니다. 오히려 그 특징을 구체적으로 나열했습니다. 어떤 이들은 이런 성경의 표현에 대해 '너무 장황하게 묘사한 것이 아닌가?'라고 생각할 수도 있습니다. 그러나 우리는 시편 기자가 의도적으로 장황하게 묘사한 부분을 주목해야 합니다.

성경에는 비슷한 표현들이 곳곳에 등장합니다. 신명기 4장에는 "너희는 거기서 사람의 손으로 만든 바 보지도 못하며 듣지도 못하며 먹지도 못하며 냄새도 맡지 못하는 목석의 신들을 섬기리라"(신 4:28)라고 기록되어 있습니다. 이와 유사하게 이사야 6장과 43장에서는 우상의 특징이 이스라엘 백성에게 대입되고 있는 것을 볼 수 있습니다.

> "이 백성의 마음을 둔하게 하며 그들의 귀가 막히고 그들의 눈이 감기게 하라 염려하건대 그들이 눈으로 보고 귀로 듣고 마음으로 깨닫고 다시 돌아와 고침을 받을까 하노라 하시기로"(사 6:10).

> "눈이 있어도 보지 못하고 귀가 있어도 듣지 못하는 백성을 이끌어 내라"(사 43:8).

예수님도 마태복음 13장에서 이사야 6장 9-10절을 인용하셨습니다. 바울 또한 사도행전 28장에서 동일한 구절을 인용했습니다. 이처럼 성경에는 우상의 특징을 묘사한 말씀이 자주 언급되고 있습니다. 그중에서 우리가 눈여겨봐야 할 부분은 시편 115편 8절에 기록된 시인의 고백입니다.

> "우상들을 만드는 자들과 그것을 의지하는 자들이 다 그와 같으리로다"(시 115:8).

시편 기자는 우상을 만들어 섬기는 자들은 모두 우상을 닮는다고 말했습니다. 성경은 그 이유를 분명하게 밝히고 있습니다. 창세기 1장에 기록된 대로, 인간은 하나님의 형상을 따라 창조되었기 때문입니다. 하나님의 형상이란 하나님의 영광을 반영하며 그분을 닮아가는 존재를 의미합니다. 따라서 인간은 자신이 사모하는 대상을 닮아갑니다. 이러한 존재의 특성은 타락 후에도 여전히 남아 있어서 어린아이가 부모를, 학생들이 연예인이나 스포츠 스타 등 자신의 우상을 닮아가려는 모습으로 나타납니다. 인간의 모방에 대한 욕구의 근원은 인간이 하나님의 형상으로 지으심을 받았다는 사실에 있습니다.

인간은 하나님을 닮아갈 때 최고의 기쁨과 만족을 누릴 수 있습니다. 인간의 존재 목적은 하나님을 닮아 하나님의 영광을 반영하는 것입니다. 영존하시고 거룩하신 하나님을 닮아가는 것은 인간에게 주어진 최고의 특권입니다. 하나님은 인간을 하나님의 형상으로 만들어 이 모든 것을 허락하셨습니다.

그러나 인간은 하나님과의 구분을 깨고 스스로 하나님이 되고자 했습니다. 하나님처럼 선악을 규정하며 자신을 위해서 우상을 만들었습니다. 그 결과 하나님을 닮아가야 하는 존재의 특성이 우상을 닮는 것으로 변질되었습니다. 이방인들은 물론이거니와 하나님의 백성인 이스라엘마저 동일한 상태에 빠졌습니다. 모든 인간은 예외 없이 자신이 사모하는 대상, 자신이 숭배하는 대상과 유사하게 변합니다.

이를 통해 우리는 지난 일생 동안 누구를, 무엇을 숭배하며 살아왔는지를 돌아볼 필요가 있습니다. 청소년 시절과 청년기를 지나며 누구를 닮고자 했는지, 가정을 이룬 후에는 무엇을 선망의 대상으로 삼았는지, 그리고 현재 자신의 전 존재에 새겨진 가치관과 성품은 누구의 영향을 받은 것인지 곰곰이 생각해봐야 합니다.

만일 돈을 우상으로 섬겨왔다면 그는 돈으로 모든 것을 평가하는 탐욕스러운 가치관을 지니고 있을 것입니다. 권력을 우상으로 여기며 살았다면 그는 자신의 강함과 우월함을 과시하며 다른 이들을 괄시하는 습관을 갖고 있을 것입니다. 성취를 우상으로 삼았다면 그는 자신의 성취의 결과로 안도하며, 성취하지 못했을 때는 불안해하는 모습을 띠고 있을 것입니다.

또한 외모를 우상으로 섬기고 있다면 그는 자신의 외모에 일희일비하는 굴곡진 인생을 살아왔을 것입니다. 성을 우상으로 숭배했다면 그는 본능에 짓눌려 성적 욕구를 따라 살아가며, 모든 사람을 성적 매력으로 판단하고, 자신의 감각에 매우 예민하게 반응하고 있을 것입니다. 또 사랑받으려는 욕구를 우상으로 삼았다면 자신을 사랑해주는 대상의 반응에 따라 감정의 기복을 겪으며 살고 있을 것입니다. 모두 우상을 닮은 결과 발생하는 일들입니다.

자신의 우상과 닮게 되는
인간 존재의 특성

이 예들은 대체적으로 외적으로 드러난 모습만 언급한 것입니다. 성경은 그 이상을 말합니다. 많은 사람이 잘 인식하지 못하는 우상의 본질을 말해줍니다. 그것은 우상을 섬기는 자는 우상의 특성을 그대로 닮는다는 사실입니다. 우상처럼 영적으로 공허함과 생기 없음을 경험할 뿐만 아니라, 마침내는 우상이 받게 될 처벌에 이르게 된다는 것입니다. 우리는 이 사실을 유념해야 합니다. 이것은 시편 기자가 강조하는 바이고, 구약의 선지자들이 오랫동안 반복해서 외쳐 온 말씀입니다.

많은 사람이 우상 숭배를 하나의 범죄 정도로만 치부합니다. 그러나 우상은 우리의 외양에만 영향을 미치는 것을 넘어서 우리의 존재가 우상의 본질을 닮아가도록 합니다. 여기서 우상의 본질이란 시편 115편 4-7절이 말하는 바와 같이 공허하고 죽어 있는 형상을 의미합니다. 하박국 선지자는 우상에 대해 다음과 같이 묘사했습니다.

> "새긴 우상은 그 새겨 만든 자에게 무엇이 유익하겠느냐 부어 만든 우상은 거짓 스승이라 만든 자가 이 말하지 못하는 우상을 의지하니 무엇이 유익하겠느냐 나무에게 깨라 하며 말하지 못하는 돌에게 일어나라 하는 자에게 화 있을진저 그것이 교훈을 베풀겠느냐 보라 이는 금과 은으로 입힌 것인즉 그 속에는 생기가 도무지 없느니라"
> (합 2:18-19).

모세 또한 신명기 4장에서 "너희는 거기서 사람의 손으로 만든 바 보지도 못하며 듣지도 못하며 먹지도 못하며 냄새도 맡지 못하는 목석의 신들을 섬기리라"(신 4:28)라고 말함으로 우상이 본질적으로 헛된 존재임을 드러냈습니다. 이처럼 우상은 무익하고 생기가 없습니다.

이러한 우상의 본질과 연결해 우리가 주목해야 할 한 가지 사실이 있습니다. 그것은 바로 우상을 섬기는 자들은 우상의 본질을 닮는다는 것입니다. 선지자 이사야는 우상의 특징을 따라 귀가 있으나 듣지 못하는 이스라엘 백성의 상태를 두고 다음과 같이 말했습니다.

"조각한 우상을 의지하며 부어 만든 우상을 향하여 너희는 우리의 신이라 하는 자는 물리침을 받아 크게 수치를 당하리라 너희 못 듣는 자들아 들으라 너희 맹인들아 밝히 보라 맹인이 누구냐 내 종이 아니냐…네가 많은 것을 볼지라도 유의하지 아니하며 귀가 열려 있을지라도 듣지 아니하는도다"(사 42:17-20).

또한 그다음 장인 이사야 43장에서는 이스라엘 백성을 "눈이 있어도 보지 못하고 귀가 있어도 듣지 못하는 백성"(사 43:8)이라고 불렀습니다. 그들이 눈과 귀가 있어도 보지 못하고 듣지 못하는 이유는 우상을 닮았기 때문입니다. 하나님의 형상대로 창조되어 사모하는 대상을 닮아야 하는 인간이 우상을 숭배해 그 본질을 닮게 된 것입니다.

이사야의 고발은 여기서 그치지 않았습니다. 이사야는 강조하고, 반복하고, 또다시 다음과 같이 말했습니다.

"너는 나의 신이니 나를 구원하라 하는도다 그들이 알지도 못하고 깨닫지도 못함은 그들의 눈이 가려서 보지 못하며 그들의 마음이 어두워져서 깨닫지 못함이니라"(사 44:17-18).

이처럼 알지도 못하고 깨닫지도 못함은 우상의 본질적 특징입니다.

그리고 성경은 우상 숭배자 또한 우상을 닮아 동일한 본질을 소유하게 된다고 지적합니다.

우상 숭배의 비참한 결과

하나님은 우상을 결코 버리려 하지 않는 이스라엘을 향해 이사야 선지자를 통해 엄중한 말씀을 전하셨습니다. 그들이 심판받을 때까지 우상을 닮은 상태에서 돌이키지 못하도록 내버려두라고 하신 것입니다. 보통은 범죄한 이스라엘에게 선지자를 보내셔서 그들이 돌이킬 수 있도록 기회를 주시는 하나님이십니다. 그러나 도무지 우상을 좇는 일에서 돌이키려 하지 않고, 급기야는 우상을 닮아버린 이스라엘을 향해 하나님은 다음과 같이 말씀하셨습니다.

"여호와께서 이르시되 가서 이 백성에게 이르기를 너희가 듣기는 들어도 깨닫지 못할 것이요 보기는 보아도 알지 못하리라 하여 이 백성의 마음을 둔하게 하며 그들의 귀가 막히고 그들의 눈이 감기게 하라 염려하건대 그들이 눈으로 보고 귀로 듣고 마음으로 깨닫고 다시 돌아와 고침을 받을까 하노라 하시기로 내가 이르되 주여 어느 때까지니이까 하였더니 주께서 대답하시되 성읍들은 황폐하여 주민이 없으며 가옥들에는 사람이 없고 이 토지는 황폐하게 되

며 여호와께서 사람들을 멀리 옮기셔서 이 땅 가운데에 황폐한 곳
이 많을 때까지니라"(사 6:9-12).

하나님은 이스라엘이 심판받을 때까지 돌이키지 못하도록 우상을 닮은 상태로 내버려두셨습니다. 우리는 이 말씀의 의미를 정확하게 이해해야만 합니다. 그래야 한 사람이 우상을 두어 섬기는 상태가 얼마나 심각한지를 깨달을 수 있습니다. 성경은 이에 대해 반복해서 경고합니다. 한 사람이 우상을 섬기는 일을 고집하면 하나님은 그가 심판받을 때까지 돌이키지 못하도록 그 상태 그대로 내버려두는 일을 허락하십니다. 우리는 여기서 우상을 섬기면 우상을 닮을 뿐 아니라, 우상이 받게 될 처벌을 동일하게 받는다는 사실을 발견하게 됩니다.

바울은 이와 관련해 로마서 1장에서 하나님을 버리고 우상을 섬기는 인간의 마음이 어떤 상태에 처하는지를 밝혔습니다. 또한 하나님은 그러한 자를 반드시 심판하신다는 엄중한 사실을 선언했습니다.

바울은 동일한 본문에서 우상 숭배의 본질을 설명하기를, '썩어지지 아니하는 하나님의 영광을 썩어질 사람과 새와 짐승과 기어 다니는 동물 모양의 우상으로 바꾸는 것'과 '피조물을 조물주보다 더 경배하고 섬기는 것'으로 규정했습니다(롬 1:23, 25). 결국 우상 숭배자들은 썩어질 것을 우상으로 삼고 경배하는 타락한 본성을 따라 사는 비참을 경험하게 됩니다. 그러나 그들이 받는 처벌은 여기서 그치지 않습니다. 바울은 이어서 우상 숭배자들이 받는 2가지 처벌을 첨언했습니다.

첫째는 관계의 측면에서 발생하는 처벌입니다. 하나님과의 관계가

정상적으로 이루어지지 않으면 다른 관계에서도 틀어짐을 경험하게 됩니다. 인간관계의 어려움은 이 땅에서 경험하는 견디기 힘든 고통 중 하나입니다. 그래서 이 어려움에 오래 노출되면 어떤 이는 극단적인 생각을 품기도 합니다. 바울은 우상 숭배의 결과로 말미암아 관계의 어려움뿐만 아니라 여러 비정상적인 남녀 관계를 경험하게 되는 것이 하나님이 허락하시는 처벌 중 하나라고 말했습니다(롬 1:26-27).

둘째는 하나님을 마음에 두기 싫어하는 것, 곧 상실한 마음대로 내버려두시는 것입니다(롬 1:28). 어떤 이들은 처벌치고는 조금 이상하다고 생각할지 모릅니다. 그러나 이것은 우상을 닮은 상태 그대로 유기되는 것을 의미합니다. 바울은 우리가 함께 살폈던 이사야 6장에 기록된 말씀과 동일한 결론을 언급했습니다. 그래서 상실한 마음대로 내버려두면, 그는 무엇을 말해도 알아듣지 못하는 상태에 처하게 됩니다.

이상의 내용을 살펴볼 때 하나님이 내리시는 처벌의 특징은 우상을 닮는 것임을 알 수 있습니다. 우상 숭배로 말미암아 마주하게 된 하나님과의 관계의 파괴는 다른 관계에도 전이됩니다. 우상을 닮은 결과, 파괴가 이어지는 것입니다. 이 땅을 살면서 경험하게 되는 관계에서 오는 뒤틀림과 상실감은 자연스러운 사회 현상이 아닙니다. 그것은 하나님이 내리신 처벌의 소산입니다.

로마서 1장은 인간이 하나님 대신 피조물을 섬긴 대가가 얼마나 추악한지를 드러냅니다. 선하고 거룩하신 하나님을 거절한 인간은 타락한 본성을 여지없이 드러내며 동물적인 욕구를 따라 살아갑니다. 우리는 여기서 우상 숭배의 실상을 발견합니다. 대부분의 사람들은 이처럼 비참한 상태로 전락하게 하는 우상 숭배의 심각성을 잘 인지하지 못합니다. 그러나 예수를 믿는 사람들은 우상의 본질과 결말에 이르는 총체적인 지식을 가져야 합니다. 그래야만 우상 숭배에 빠져 하늘에 속한 모든 신령한 복을 누리지 못하는 상태에서 벗어날 수 있습니다.

하나님을 모르는 사람은 하나님과의 관계를 거부한 대가에 상응해 이 땅에서부터 징계를 받다가 최후에는 하나님의 심판대 앞에 서서 영원한 형벌이라는 선고를 받아야 합니다. 예수님을 믿는 우리는 성경에 기록된 우상 숭배자의 결말을 상고해야 합니다. 우상 숭배에 따른 한시적 처벌보다 더 심각한 것은 우상을 닮은 채 버려지는 것입니다.

과거 이스라엘이 그 사실을 잘 보여주고 있습니다. 바벨론에게 침략 당한 사건은 일시적이었지만, 그들을 더 비참하게 한 것은 우상을 닮은 상태에서 오랫동안 하나님의 복을 누리지 못하며 포로 생활을 해야 하는 현실이었습니다. 우리 또한 동일한 결론에 이르지 않기 위해 하나님 곁에 우상을 두지 않아야 함을 절실히 깨달아야 합니다.

우상의 본질

- **생기 없음**

그렇다면 우리는 "우상을 닮는다는 것은 구체적으로 무엇인가?"라고 질문할 수 있습니다. 시편 115편은 그 특징을 4가지로 설명합니다. 아무리 교회를 다닌다고 하더라도, 우상을 두고 있는 사람들은 우상의 4가지 본질을 닮아 있음을 발견할 수 있습니다.

첫 번째는 '생기 없음'입니다. 시편 115편 4-7절과 앞서 인용한 다수의 구절들은 우상에게는 생기가 없다는 사실을 말해주고 있습니다. 생기가 없다는 것은 결국 죽어 있음을 의미합니다. 이것이 우상의 본질입니다. 하박국 선지자는 "그 속에는 생기가 도무지 없느니라"(합 2:19)라고 직접적으로 말하기도 했습니다. 우상 숭배를 하면 생기가 없어집니다. 즉 우상 숭배를 하면 하나님께 대해 죽은 자, 곧 생명 없는 자처럼 됩니다.

어떤 이들은 '모든 사람이 열심히 살고 있는데 생기가 없다는 말이 무슨 의미인가?' 하며 의아해할 수 있습니다. 여기서의 '생기'는 사람이 호흡하고 활동하는 것을 의미하지 않고, 하나님께 대해 생명 없는 자처럼 되는 것을 뜻합니다.

이는 이스라엘 백성이나 오늘날의 성도에게나 동일합니다. 그리스도인이라 할지라도 일시적으로 우상 숭배에 빠지면 하나님께 대해 생기 없음을 드러내게 됩니다. 어떤 우상이든지 그 우상을 열렬히 섬기면 나름의 생기가 발산되는 것처럼 보입니다. 하지만 그것은 진정한 생기가 아닙니다. 우상을 섬기는 자는 하나님께 대해 결코 생기를 갖지 못합니다.

오늘날 교회 안에는 하나님으로부터 말미암은 생기가 아닌, 유사한 생기를 분출하는 이들이 있습니다. 교회 내 지체들로부터 인정받고 칭찬받을 때 고동쳐 오르는 기쁨으로 생기를 삼은 사람들입니다. 그들은 인기를 먹고 사는 연예인들이 자신에게 관심과 성원을 보내주면 기뻐하듯이, 자신을 좋아해주는 것을 모든 활동의 동기로 삼아서 활력을 나타냅니다.

그러나 그것은 진정한 생기가 아닙니다. 우상으로부터 오는 거짓 생기입니다. 거짓 생기의 근원에는 사랑받겠다는 자신이 자리하고 있기에, 그가 발산하는 열심과 역동적인 활동들은 자기중심적인 욕망에 근거하고 있습니다.

더욱이 우상 숭배에 빠진 사람들은 단순히 생기 없음의 문제를 넘어서서 하나님께 대해 죽은 자처럼 반응하게 됩니다. 이사야 선지자가 우상을 닮은 상태에 대해 반복해서 말했던 것처럼, 선지자의 선포를 들어도 깨닫지 못합니다. 실제로 구약의 이스라엘 백성은 선지자들의 경고를 듣고서도 쉽게 반응하지 않았습니다. 그 이유는 자신들이 섬기는 우상을 닮았기 때문입니다.

우리도 마찬가지입니다. 어떤 우상이든지 그 우상을 따른다면 이스라엘 백성처럼 하나님의 말씀을 들어도 깨닫지 못하고 반응하지 못할 것입니다. 하나님 앞에 죽은 사람과 같이 되는 것입니다.

그런 점에서 우리는 자신을 돌아봐야 합니다. 아무리 현재 교회에서 큰 열심을 내고 있더라도 하나님과의 관계 속에서는 생기가 없을 수 있기 때문입니다. 누군가 종교를 마약이라고 말했던 것처럼, 종교 안에는 그릇된 방향으로 사람을 마취시킬 수 있는 힘이 있습니다.

실제로 이 땅에 존재하는 다양한 종교들은 저마다 신도들이 열심을 발휘하도록 끊임없이 동기를 부여하고 있습니다. 외적으로는 굉장한 활력을 갖고 있는 것처럼 보입니다. 그런데 교회 안에서도 하나님 외에 우상을 두어 섬김으로써 유사한 모습을 가질 수 있습니다. 즉 교회 내 여러 활동들에 적극성을 띨 수 있지만, 하나님과의 관계 속에서 죽은 자와 같은 사람들이 존재할 수 있는 것입니다.

우리도 그와 같지는 않은지 점검해보아야 합니다. 하나님 외에 다른 우상들을 섬기면서 교회의 모든 활동에 적극적으로 참여하고 있다면 그 열정은 우상과는 관련이 있을지라도 하나님과는 아무 상관이 없습니다.

이것은 매우 심각한 이야기입니다. 이 사실을 모른 채 그저 열심만 내는 사람은 기독교라는 종교의 형태를 취했을 뿐 사실상 이방 종교의 열심을 내는 것과 같습니다. 그것이 그의 지속적인 모습이라면, 그는 최후의 날에 "내가 너를 도무지 알지 못한다"라는 주님의 답변을 듣게 될 것입니다(마 7:23). 그러므로 우리는 우상을 어설프게 다뤄서는 안 됩니다. 우상 숭배자들에게 생기 없음이 드러난다는 사실을 깊이 유념해야만 합니다.

• 어리석음과 무지

두 번째로 살펴볼 우상의 본질은 어리석음과 무지입니다. 예레미야 선지자는 이와 같은 우상의 본질에 대해 "사람마다 어리석고 무식하도다 금장색마다 자기가 만든 신상으로 말미암아 수치를 당하나니 이는 그 부어 만든 우상은 거짓이요 그 속에 생기가 없음이라 그것들은 헛된 것이요 조롱거리이니 징벌하시는 때에 멸망할 것이나"(렘 51:17-18)라고 말했습니다. 또 이사야 선지자는 우상 숭배자는 "마음에 생각도 없고 지식도 없고 총명도 없으므로"(사 44:19)라고 말했습니다. 선지자들은 우상뿐만 아니라 우상 숭배자 역시 무식하고 총명이 없음을 분명하게 밝힌 것입니다.

이러한 어리석음과 무지는 이사야 6장에 기록된 대로, 들어도 깨닫지 못하고 보아도 알지 못하는 상태를 통해 드러납니다. 한때 총명했을지라도 우상을 섬기면 과거 이스라엘 백성처럼 어리석고, 무지하며, 총명이 없어집니다. 그들은 선지자들의 경고를 들었지만, 현재 자신들이 어떤 상태인지, 자신들의 결말은 무엇인지에 대해 전혀 깨닫지 못했습니다.

우리는 성경을 읽으면서 '어떻게 이런 일이 발생할 수 있는가?'라는 의문이 생깁니다. 그러나 아무리 과거에 하나님의 큰 영광을 경험했다 할지라도 우상을 섬기면 우상을 닮아 어리석고, 무지하며, 총명이 없는 자로 전락합니다. 지난날 이스라엘 백성이 그들을 애굽에서 건지시며 모든 위험으로부터 보호하신 하나님의 말씀을 더 이상 깨닫지 못했던 것처럼 전락할 수 있습니다.

그런데 오늘날 교회에 머물면서 이와 동일한 경험을 하는 사람들이 있습니다. 자기 자신, 돈, 성공, 성, 쾌락 등을 우상으로 섬기면서 어리석음과 무지의 본질을 물려받은 경우입니다. 그래서 하나님의 말씀을 들어도 깨닫지 못하며, 하나님이 그의 일상에 섭리하셔도 그 의미를 발견하지 못합니다.

어떤 사람들은 성경의 이러한 증언을 '뻔한 이야기' 정도로 치부해버립니다. 그들 중 대부분은 지식적인 공감 수준에서 하나님의 말씀을 이해합니다. 자신이 지식적으로 이해하면 그 말씀을 깨달았다고 여깁니다.

그러나 여기서 깨닫는 문제는 지식적인 공감 차원을 넘어섭니다. 진정한 깨달음은 자신의 삶에 거룩한 영향을 주어 개혁에 이르게 하는 것입니다. 만일 선포된 말씀이 머리에서만 맴돌고 있다면, 그는 아직 말씀을 참되게 깨닫지 못한 상태입니다. 자신의 유익 여부와 연결해서 말씀을 이해하고 적용하는 수준을 면하지 못합니다. 결국 하나님의 말씀의 진의는 모른 채 피상적 수준에 머무는 것입니다.

어리석음의 다양한 예

교회에서 성실하게 신앙생활을 하는 한 청년이 있었습니다. 그에게는 사랑하는 사람이 있었습니다. 그런데 그 사랑이 왜곡되어 이제는 교제하는 연인이 없으면 안 되는 수준에 이르렀습니다. 그는 사랑을 위해서라면 어떤 것이든 희생하고자 했습니다. 상대가 원한다면 자신의 전부를 주고자 했습니다.

그렇다고 해서 그가 신앙생활에 소홀했던 것은 아닙니다. 그는 매주일 선포되는 말씀을 들었습니다. 그러나 그에게는 이미 그의 연인이 우상이 되었기에 말씀을 들어도 깨닫지 못했습니다. 대신 연인과의 관계에 손상이 가해지는 어떤 것들에는 더 예민했습니다. 결국 그는 겉으로는 교회에 충실한 모습을 나타냈지만, 그런 모습을 통해 실상 하나님에 대해서는 총명이 없고 어리석은 자가 되었습니다. 그는 자신의 죄를 밝히고 회개하도록 비추는 말씀에도 반응하지 못할 정도로 말씀을 깨닫지 못했습니다.

어떤 성도는 골프에 심취해 있었습니다. 물론 나름의 이유는 있었습니다. 사업을 하기 위해서 골프가 반드시 필요하다는 것이었습니다. 그러는 가운데 그에게 골프는 삶에서 가장 중요하고 우선적인 것이 되었습니다. 그런 그에게도 하나님의 말씀은 지속적으로 선포되었습니다. 그러나 그는 말씀을 깨닫지 못했습니다. 왜냐하면 골프에 온통 마음을 빼앗겨 총명과 지식을 잃었기 때문입니다.

오직 취업에만 몰두하는 교회 청년이 있었습니다. 그는 취업을 준비하기 위해서 신앙생활을 조절하면서 살았습니다. 오직 하나님만 의지해 그분을 경외하는 것이 복이라고 하나님이 말씀하심에도 불구하고, 그는 말씀에 어떤 반응도 하지 않았습니다. 아니, 반응하지 못했습니다. 그의 피부에 와 닿는 현실은 하나님의 말씀이 아닌 취업이었기 때문입니다.

그는 하나님의 말씀의 진의에는 관심이 없고, 그저 취업을 통한 성공이라는 우상을 품고 있었기 때문에 그것과 관련된 일에만 반응할 뿐 하나님에 대해서는 무지한 자가 되었습니다.

어떤 신자는 자신의 자녀를 우상으로 삼았습니다. 자녀를 향한 사랑은 당연한 일입니다. 그러나 그에게 자녀는 우상과 같았기에 선포되는 하나님의 말씀 앞에서 진귀한 일이 나타나기 시작했습니다. 말씀을 들어도 전혀 깨닫지 못하는 상태가 된 것입니다. 심지어 그는 하나님의 말씀을 자녀에 대한 그릇된 열심을 옹호하는 수단으로 여겼습니다. 결국 그는 자녀라는 우상을 두고 살아감으로 생각 없음과 총명 없음을 여실히 드러냈습니다.

하나님의 말씀을 듣지 못하도록 막는 우상

이 모든 예는 하나님의 말씀의 진의를 깨닫지 못한 상태가 무엇인지를 나타냅니다. 우상을 두고 살아감으로써 우상을 닮아 총명이 없어지는 것입니다. 어떤 우상이든지 우상을 섬기는 자는 우상의 본질 중 하나인 어리석음과 무지를 닮습니다.

그래서 하나님의 말씀을 들어도 깨닫지 못합니다. 또 하나님이 그의 삶에 섭리하셔도 그 사실을 인지하지 못합니다. 구약성경은 하나님이 이스라엘을 향해 얼마나 풍성한 은혜를 베풀어주셨는지를 증거합니다. 하나님이 친히 구원의 능력을 나타내 보여주셨고, 많은 선지자를 통해 말씀을 주시고 그 약속을 성취하셨습니다. 주변국들을 통제하시는 가운데 그들을 지키고 돌보시는 은혜를 주셨습니다. 그러나 이스라엘 백성은 풍성한 구원의 역사와 돌보심을 경험하고도 그 사실을 깨닫지 못했습니다.

성경을 읽는 우리에게 이스라엘 백성은 너무 미련해 보입니다. 그러나 그들이 그렇게 어리석고 무지한 상태가 된 원인은 그들이 우상에게 온 마음을 쏟으며 우상을 사랑했기 때문입니다.

우리는 우상을 섬길 때 발견하게 되는 이 현상을 주목해야 합니다. 많은 사람이 교회를 열심히 다녀도 하나님의 말씀을 깨닫지 못하는 이유가 무엇인지 진지하게 생각해봐야 합니다. 그것은 성경에 대한 지식이 부족해서가 아닙니다. 우상으로 말미암아 총명을 잃어 하나님의 말씀의 진의를 알지 못하기 때문입니다.

바울은 에베소서 4장에서 예수 믿는 자들은 어두웠던 총명과 무지함에서 깨어난 자들이라고 말했습니다(엡 4:18-24). 그러나 신자라고 할지라도 우상을 두고 살면 그때만큼은 우상을 닮아 어리석음을 드러내게 됩니다. 하나님의 말씀을 들어도 깨닫지 못하는 상태를 경험하게 되는 것입니다. 그래서 우리는 교회를 다니는 행위 자체로 안심할 것이 아니라, 우리 또한 언제든지 우상을 따라 왜곡될 수 있음을 알고 경성해야만 합니다.

우리 주님은 이 땅에서뿐만 아니라 승천하신 뒤에도 이 문제를 중대하게 말씀하셨습니다. 요한계시록 2-3장에서는 아시아의 일곱 교회에게 말씀하실 때 "귀 있는 자는 성령이 교회들에게 하시는 말씀을 들을지어다"(계 2:7, 11, 29, 3:6, 13, 22)라고 여러 차례 강조하셨습니다. 주님은 아시아의 일곱 교회의 상태를 보시고 동일한 말씀을 하셨습니다. 칭찬받을 만한 교회뿐만 아니라, 책망받아야 할 교회에게도 똑같이 말씀하신 것입니다.

우리는 그 이유를 성경 전체의 맥락을 통해 살펴봐야 합니다. "귀 있는 자는 들으라"라는 말씀은 주님의 말씀을 귀가 있어도 듣지 못하는 우상 숭배자들과 연결되어 있습니다.

그런데 주님이 일곱 교회에게 동일한 말씀을 하신 것에는 중요한 의미가 있습니다. 성경에서 일곱은 완전수입니다. 그렇다면 우리는 주님이 일곱 교회에 하신 말씀을 단순히 일곱 교회에만 한정해서 이해할 수 없습니다. 오히려 지상 모든 교회를 대상으로 하신 말씀이라는 사실을 알게 됩니다. 그런 가운데 두아디라교회를 향해 하신 말씀을 살펴보면, 그 말씀이 우상 숭배와 연결되어 있음을 확인할 수 있습니다.

> "그러나 네게 책망할 일이 있노라 자칭 선지자라 하는 여자 이세벨을 네가 용납함이니 그가 내 종들을 가르쳐 꾀어 행음하게 하고 우상의 제물을 먹게 하는도다"(계 2:20).

이세벨은 북이스라엘에게 바알을 가르쳤습니다. 바알은 풍요를 약속하는 신입니다. 그렇다면 두아디라교회 내에 경제적인 부요함과 그리스도를 함께 섬기려는 자가 있었다는 사실을 알 수 있습니다. 우리가 앞서 살펴본 것처럼, 우상을 섬기는 결과는 어리석음과 무지이기 때문에 주님은 두아디라교회뿐만 아니라 이 땅에 존재하는 모든 교회가 무지함에 빠지지 않도록 "귀 있는 자는 성령이 교회들에게 하시는 말씀을 들을지어다"라고 말씀하셨습니다.

우리는 지금 이 순간에도 말씀하시는 성령이 계심을 기억해야 합니다. 주님이 요한계시록에서 강조하신 말씀을 우리 자신에게 적용해야 합니다. 우리 중 누구라도 우상을 따른다면 하나님의 말씀 앞에서 제대로 반응을 할 수 없습니다. 그러므로 우리는 자신에게 물어야 합니다. '과연 나는 회개하고 거룩한 선택을 하여 하나님의 말씀을 기꺼이 따르고자 하는가?'

혹시 현재적으로 하나님이 아닌 다른 대상을 붙들고 있다면 우리가 붙들 수 있는 유일한 길은 우상을 버리는 것입니다. 그렇지 않으면 자기 방식대로 하나님의 말씀을 곡해해 피상적으로 이해하는 수준에 머물 수밖에 없음을 상기해야 합니다.

• **공허함**

우상의 세 번째 본질은 공허함입니다. 성경은 우상을 섬긴 이스라엘을 향해 "허무한 것을 뒤따라 허망하며"(왕하 17:15)라고 말합니다. 또 이사야 44장 9절은 "우상을 만드는 자는 다 허망하도다"(사 44:9)라고 기록하고 있습니다.

성경의 이러한 공통된 증언은 우상의 본질에 대해 매우 중요한 사실을 말해주고 있습니다. 성경은 우상이 단순히 나무나 돌로 만들어졌기 때문에 허망한 것이 아니라, 그렇게 만들어진 우상 자체가 우리의 영혼과 삶을 결코 구원할 수 없기 때문에 허망하다고 증언합니다. 그런데 성경은 거기서 한 걸음 더 나아가서 우상을 섬기는 자들이 우상과 동일하게 헛됨과 공허함을 경험한다고 말합니다.

금송아지를 만들었던 이스라엘이 그 사실을 선명하게 증명해줍니다. 그들이 금송아지를 만들기 위해 자원해서 금을 모았을 때는 그들에게 큰 기쁨과 기대가 있었습니다. 그리고 금송아지가 완성되자 그들의 기쁨이 극에 달했습니다. 그러나 그 기쁨은 지속되지 못했습니다. 그들의 금송아지는 그들의 구원자가 될 수 없었습니다. 모세는 금송아지를 갈아 마시게 함으로써 그들이 만든 우상이 얼마나 헛되고 공허한지를 깨닫게 했습니다. 심지어 헛된 우상을 섬긴 결과, 그들 중 3,000명가량이 죽임을 당했습니다.

또 엘리야 시대 때 바알과 아세라를 섬겼던 이스라엘도 동일한 공허함을 경험했습니다. 우상의 헛됨은 엘리야와 바알 선지자들의 대결에서 극명하게 드러났습니다. 바알의 능력을 기대한 선지자들이 하늘을 향해 하루 종일 외쳤지만 돌아온 것은 헛된 침묵뿐이었습니다. 이스라엘은 그들의 목전에서 바알의 처참한 실패를 맛보아야만 했습니다.

이처럼 우상을 섬기면 당시에는 어떤 기대감을 품게 되지만, 돌아오는 것은 실망과 좌절밖에 없습니다. 특히 우상을 통해 자신의 정욕을 채워보려는 사람들은 비참한 영혼의 공허함을 경험하게 됩니다.

지금도 교회 안의 많은 사람이 다양한 우상을 섬기면서 경험하는 공허함을 제대로 이해하지 못하고 있습니다. 대부분의 사람들은 공허함 앞에서 자신의 노력이 부족하다는 것을 원인으로 돌립니다. 기도나 헌신이 부족하기 때문에 공허하다고 생각하는 것입니다.

그러나 그들의 공허함의 주된 이유는 하나님과 우상을 겸하여 섬기는 데 있습니다. 이 원인을 제대로 알지 못하면 기독교나 이방 종교 사이에 별 차이가 없다고 생각하기 쉽습니다. 세상 사람들이 모두 공허함을 경험하기에 기독교를 믿는 자신도 공허한 것이 당연하다고 여기는 것입니다. 그러나 공허함은 이 세상 모든 사람이 반드시 겪어야만 하는 것이 아닙니다. 오히려 우상을 섬기는 모든 사람이 공허함을 겪습니다. 우리는 이 사실을 명확하게 알고 있어야 합니다.

만일 우리의 죄를 대속하신 예수 그리스도를 알고 믿어온 자신에게 영적으로 공허한 경험이 있다면, 그리고 그 경험이 현재 지속되고 있다면 우상을 섬기고 있는 것은 아닌지 돌아봐야 합니다. 그러므로 영혼의 안식과 만족, 기쁨을 참되게 누리고자 하는 사람은 야곱의 가족들이 벧엘로 올라가기 전에 모든 우상을 버렸던 것처럼(창 35:1-4), 자신에게 있는 모든 우상을 내어던져야 합니다. 우상을 품고 있는 한 우리는 영적으로 공허함에 시달리게 되고, 하나님 안에서의 부요한 복을 결코 누릴 수 없기 때문입니다.

이처럼 우상은 인간에게 어떠한 영적인 채움도 줄 수 없습니다. 우상을 섬기면서 영적으로 부요해지는 것 같은 경험을 했다면 그것은 성경이 약속한 선물이 아님을 알아야 합니다. 사탄은 자신을 광명한 천사로 가장할 수 있습니다. 또한 그럴듯한 유사 만족감을 줄 수도 있습니다. 그러므로 현재 누리는 영적 만족감이 누구에게서 온 것인지 분별하고, 참 신이신 하나님 안에서 안식과 평안, 만족을 누리고자 해야 합니다. 성경은 오직 하나님만이 우리 영혼의 피난처요, 안식처이시라고 확고히 말합니다.

여기서 우리가 유념해야 할 한 가지 사실은 아무리 하나님을 섬긴다 하더라도 하나님을 우상처럼 섬기면 동일한 공허함을 경험하게 된다는 것입니다. 하나님을 우상처럼 섬긴다는 것은 성경에 계시된 대로의 하나님을 믿지 않고, 자신이 원하는 틀을 따라 하나님을 믿고자 하는 것을 의미합니다. 체험만 중시하거나 상처 치유만을 목적으로 하는 경우가 이에 해당합니다. 또한 복음의 내용을 풍성히 알기도 전에 단기 선교나 교회 안팎의 활동에만 집중하는 경우도 그와 같습니다.

기독교 신앙의 첫 출발부터 잘못된 전제로 시작하게 되면 아무리 하나님을 추구해도 공허함을 경험할 수밖에 없습니다. 그리고 공허함을 느끼는 대부분의 사람들은 앞서 언급한 활동들에 더욱 함몰되어 그 안에서 답을 찾고자 하는 악순환을 반복합니다.

진실로 성경에 계시된 하나님을 참되게 믿고자 하는 사람은 일시적인 감정의 어려움은 경험할 수 있으나, 하나님 안에서 참된 안식과 기쁨, 만족을 누립니다. 또한 하나님 안에서 요동하지 않을 확실한 근거를 발견합니다. 우리는 성경의 약속을 따라 오직 하나님만 섬기는 자들에게는 영혼의 공허함이 불가능하다는 사실을 확고히 붙들어야 합니다.

하나님을 우상처럼 섬길 때 찾아오는 공허함

시편 94편 기자는 하나님을 우상처럼 대하며 업신여기는 자들을 하나님이 어떻게 대하시는지를 다음과 같이 말했습니다.

> "백성 중의 어리석은 자들아 너희는 생각하라 무지한 자들아 너희가 언제나 지혜로울까 귀를 지으신 이가 듣지 아니하시랴 눈을 만드신 이가 보지 아니하시랴 뭇 백성을 징벌하시는 이 곧 지식으로 사람을 교훈하시는 이가 징벌하지 아니하시랴"(시 94:8-10).

시편 기자는 하나님은 우상과 다르시다는 사실을 분명하게 말했습니다. 하나님은 모든 것을 들으시고, 보시며, 그에 따라 사람들을 징벌하시는 분입니다. 이어서 그는 하나님 안에서 자신이 누리는 안식이 무엇인지를 밝혔습니다.

"여호와께서 내게 도움이 되지 아니하셨더면 내 영혼이 벌써 침묵 속에 잠겼으리로다 여호와여 나의 발이 미끄러진다고 말할 때에 주의 인자하심이 나를 붙드셨사오며 내 속에 근심이 많을 때에 주의 위안이 내 영혼을 즐겁게 하시나이다…여호와는 나의 요새이시요 나의 하나님은 내가 피할 반석이시라"(시 94:17-19, 22).

하나님은 시편 기자를 도우셨습니다. 발이 미끄러지며 근심이 많을 때 하나님은 그를 위로하시며 그의 영혼을 붙들어주셨습니다. 또한 시편 기자의 고백을 들으시고 그의 근심을 헤아려주셨습니다. 이처럼 하나님은 참으로 요새와 피할 반석이 되십니다. 하나님은 우상처럼 공허하시지 않습니다. 그러므로 예수를 믿으면서 시편 기자와 같이 하나님 안에서 안식과 만족을 누리지 못하고, 오히려 공허함을 경험하고 있다면 자신에게 어떤 우상이 있는지 살펴봐야 합니다. 그리고 그 우상부터 버려야만 합니다.

참된 신앙은 하나님과의 진실한 관계에서 시작됩니다. 그러하기에 신자는 하나님과의 교제를 가로막는 우상과 죄를 반드시 다루어야만 합니다. 그리고 하나님과의 회복된 관계 속에서 거룩한 삶을 추구해야 합니다. 이러한 인격적인 관계를 무시하면서 은사 체험, 예언, 단기 선교 등의 활동들로부터 채움을 받고자 한다면 그의 공허함은 해결되지 않을 것입니다.

문제는 교회가 복음이 아닌 다른 대안들을 정답처럼 제시한다는 데 있습니다. 회개, 죄와 같은 성도들이 불편해할 주제들은 생략하고, 다양한 프로그램을 신설해 그들에게 위로와 만족을 제공하고자 합니다. 하지만 복음의 본질은 알지 못한 채 감정적인 만족 자체가 목적이 될 때 성도들은 진리에 대한 분별력을 상실합니다. 교회를 다녀도 기독교가 무엇인지 제대로 이해하지 못하는 성도들이 있는 것은 바로 그 때문입니다.

더욱이 사람들의 공명심을 자극해 헌신하게 하고, 뛰어난 헌신을 보여준 자들은 공개적으로 칭찬하는 대중적인 교회의 사역 방향은 성도들로 하여금 믿음의 본질을 깨닫지 못하도록 조장합니다. 성도들 또한 그런 분위기에 편승해 자신이 유명한 교회에 소속된 것 자체로 만족하는 경우가 흔합니다. 우리는 이러한 대중주의를 항상 경계해야 합니다. 대중주의는 결코 한 영혼의 공허함을 메울 수 없습니다.

한 통계에 따르면, 과거에는 교회를 다녔지만 현재는 교회를 다니지 않는 '가나안 성도'들이 100만 명에 육박한다고 합니다. 그들 중에는 이전에 교회에 열정적이었지만 교회로부터 자신의 공허함을 채울 수 없었기에 떠난 사람들도 있습니다. 기독교에서 말하는 예수 그리스도를 분명하게 만나야 하지만, 어떤 이유에서든지 예수님과 인격적인 만남을 갖지 못한 것입니다. 우리는 기독교의 테두리 안에서 얼마든지 왕성하게 활동할 수 있으나, 살아 계신 하나님을 인격적으로 알고 경험하지 못하면 그 결말은 헛됨과 공허라는 사실을 기억해야 합니다.

• **귀신의 본성을 반영함**

마지막으로 살필 우상의 본질은 귀신의 본성을 닮았다는 것입니다. 이것은 지금까지 살펴본 우상의 본질 중에서 가장 파괴적인 결과를 가져옵니다. 우리는 성찬에 대한 바울의 설명을 통해 귀신의 본성을 닮는 것이 무엇인지를 확인할 수 있습니다. 바울은 성찬에 참여하는 문제를 우상 숭배와 대비해 설명했습니다. 그는 축복의 잔을 통해서 그리스도의 피에 참여하고, 떼는 떡을 통해 그리스도의 몸에 참여한다고 말했습니다(고전 10:16). 반면에 우상에게 바쳐진 제물을 먹는 자는 우상의 제단에 참여하게 되고, 그것은 곧 귀신의 식탁에 참여하는 것이라고 정의했습니다(고전 10:18-21).

바울의 설명에는 중요한 한 가지 사실이 담겨 있습니다. 그것은 바로 사람은 자신을 바치고 헌신하는 대상을 닮게 된다는 것입니다. 바울은 '참여함', '한 몸'이라는 말을 통해 그 사실을 예증했습니다. 신자가 잔과 떡을 통해 그리스도의 죽음과 하나가 되어 그분께 속한 자가 되는 것처럼, 우상을 섬기는 자는 우상의 배후에 있는 귀신에게 참여하는 자가 되어 귀신에게 속한 자가 된다고 경고했습니다.

우리는 이러한 우상 숭배의 심각함을 깨달아야 합니다. 누구든지 우상을 섬기면 앞서 다루었던 우상의 3가지 본질을 닮는 수준에서 그치지 않고, 하나님을 대적하는 자인 사탄의 속성까지 닮습니다. 그래서 우상 숭배자들은 파괴적이고 기만적인 본성으로 하나님을 거스르며 적대적인 태도를 취하게 됩니다.

과거 이스라엘 백성은 우상 숭배 중에 있을 때 하나님께 적대적이고 파괴적인 모습을 드러냈습니다. 아합왕은 적개심으로 하나님의 선지자들을 죽였습니다. 그것은 단순히 아합의 정치적인 의도가 아니라, 우상의 배후에 있는 귀신의 속성을 나타낸 것입니다. 이처럼 모든 우상 숭배자는 귀신의 본성을 따라 하나님을 싫어하고, 동시에 하나님을 향한 진실한 믿음 또한 거부합니다.

만일 동일한 조건으로 하나님과 우상을 겸하여 섬기는 사람이 있다고 상상해보십시오. 우상 숭배의 결과 불경건하고 파괴적인 본성을 닮은 사람이 교회에 나와 예배를 드리는 모습을 생각해보십시오. 예수 믿는 자들은 생명이신 예수 그리스도와 연합되어 그분의 성품을 반영합니다. 그런데 동시에 하나님을 적대하고 불경건한 귀신의 본성을 닮는다면 그의 신앙은 온전할 수 없습니다. 그는 예배당에서는 그럴듯한 모습을 나타낼지라도, 예배당 밖에서는 귀신의 본성을 반영하는 삶을 드러내면서 살 것입니다.

이와 관련해 바울은 우리에게 "너희는 믿지 않는 자와 멍에를 함께 메지 말라"(고후 6:14상)라고 명령했고, 뒤이어 "의와 불법이 어찌 함께하며 빛과 어둠이 어찌 사귀며 그리스도와 벨리알이 어찌 조화되며 믿는 자와 믿지 않는 자가 어찌 상관하며 하나님의 성전과 우상이 어찌 일치가 되요"(고후 6:14하-16)라고 말했습니다. 신자 된 우리는 우상을 섬겨 귀신의 본성을 드러내는 자와 결코 연합할 수 없음을 강조한 것입니다.

여기에서 우리가 주목해야 할 내용은 바울이 말한 5개의 동사입니다. 그는 자신의 권면에 '함께하다', '사귀다', '조화되다', '상관하다',

'일치하다' 등의 동사를 사용했습니다. 이를 통해 신자는 결코 우상과 그것을 섬기는 자들과 동일한 삶의 가치를 공유할 수 없음을 말한 것입니다.

우상을 버리고
하나님께로 돌아오라

이러한 맥락에서 하나님과 우상을 겸하여 섬기는 문제를 생각해보십시오. 자신의 삶 속에 우상의 4가지 본질적 특징인 생기 없음, 어리석음, 공허함, 귀신의 본성을 반영함이 나타나고 있지는 않은지 반드시 점검해보십시오. 누구든지 하나님 외에 다른 신들을 두어 섬기는 자는 그 경험을 피할 수 없습니다.

우상의 본질적 특성을 드러내며 사는 비참한 삶에서 돌이킬 수 있는 유일한 방법은 그 우상을 버리고 하나님만을 섬기는 것입니다. 이것이 성경이 제시하는 단 하나의 해답입니다. 야곱의 가족들은 벧엘로 올라가기 전에 자신의 집에 있던 모든 신상을 내버렸습니다(창 35:1-4). 이스라엘 백성도 금송아지 사건 이후 하나님 앞에서 모든 장신구를 몸에서 떼어냈습니다(출 33:6). 블레셋에 빼앗겼던 언약궤가 다시 돌아올 때에도 이스라엘이 행한 것은 우상을 버리는 일이었습니다(삼상 7:4).

이것이 하나님이 하나님의 백성에게 요구하시는 바이며, 하나님의 말씀을 전한 선지자들이 수없이 외쳤던 내용입니다. 우리는 하나님과 다른 신을 동시에 섬길 수 없습니다. 우리가 참된 하나님의 백성이라면 오직 참 신이신 하나님만을 섬기는 것 외에 선택지는 없습니다.

만약 우리가 우상을 섬기는 일에서 끝내 돌이키지 않는다면 하나님은 우상과 우리를 동일하게 심판하시고 형벌을 내리실 것입니다. 이는 전혀 부당한 것이 아니며, 오히려 하나님의 완전한 공의에 완전히 합치되는 행동입니다. 선지자 호세아는 다음과 같은 말로 우상과 우상 숭배자들이 함께 하나님의 심판을 받을 것을 이스라엘에게 경고했습니다.

> "그들이 또 그 은, 금으로 자기를 위하여 우상을 만들었나니 결국은 파괴되고 말리라…에브라임은 죄를 위하여 제단을 많이 만들더니 그 제단이 그에게 범죄하게 하는 것이 되었도다…내가 그 성읍들에 불을 보내어 그 성들을 삼키게 하리라"(호 8:4, 11, 14).

우상의 끝은 하나님의 징벌과 심판임을 기억하십시오. 우상 숭배자의 결말은 결코 행복할 수 없습니다. 하나님은 자신의 완전한 공의를 따라 우상을 숭배하는 자들을 심판하실 것입니다. 이는 성경이 증언하는 바이며, 실제 역사 속에서 반복되어 증명된 사실입니다.

이제 자신에게 진지하게 물어보십시오. 과연 지금 무엇에 헌신하고 복종하고 있는지를 말입니다. 인간은 자신이 섬기고 복종하는 자를 닮아갑니다. 자신이 지금 하나님께 마음을 드리고 그분께 헌신하고 있다면 분명 하나님과 그분의 아들 예수 그리스도를 닮아 있을 것입니다.

하나님에 대해 살아 있는 자로서 생기 있게 신앙생활을 할 것이며, 들리는 하나님의 말씀에 온전히 반응할 것입니다. 아무리 힘든 현실에 처해 있다 할지라도 그의 영혼은 결코 공허 속에서 살지 않을 것입니다. 왜냐하면 하나님 안에는 참된 안식과 기쁨, 완전한 만족이 있기 때문입니다.

우상 숭배의 증상 :
말씀에 둔감해짐

그레고리 비일(Gregory K. Beale)은 "오늘날의 교회가 우상 숭배에 마취되어 있는가?"라고 물은 뒤 우상 숭배의 증상 중 하나는 하나님의 말씀에 대한 민감성이 떨어지는 것이라고 설명했습니다.[19] 말씀에 대해 민감하지 못하면, 교회를 다니는 사람들은 말씀이 아닌 세상의 관점을 더 의존하며 자신이 어떻게 살아야 할지를 결정한다는 것입니다.

만일 교회를 다니고 있더라도 말씀에 둔감하다면 그는 분명 세상의 관점에 의존해 살아가고 있을 것입니다. 그리고 그 배후에는 그가 섬기는 우상이 있을 것입니다. 그 반대도 마찬가지입니다. 현재 우상을 섬기고 있다면 그는 반드시 말씀에 대한 민감성이 결여되어 있을 것입니다.

우리는 현재 자신의 상태를 돌아봐야 합니다. 오늘날 교회 안에서 하나님의 말씀에 둔감하게 반응하는 사람들을 쉽게 찾아볼 수 있습니다. 많은 목회자가 말씀을 전하고자 해도 다양한 이유를 들며 말씀 듣기를 회피하는 성도들이 점점 많아지고 있습니다. 이러한 현상을 시대의 분위기 정도로 치부한다면 우리는 결코 문제의 본질을 파악할 수 없을 것입니다. 그러나 성경은 그 이유를 그들이 우상을 섬기고 있기 때문이라고 분명히 말합니다.

우상 숭배는 우리와 결코 멀리 있지 않습니다. 하나님으로부터 지혜를 받아 모든 부러움을 한 몸에 받았던 솔로몬조차 우상 숭배에 빠졌습니다. 그 결과, 탁월한 지혜로 세상을 보며 또한 잠언과 같은 귀한 말씀을 기록했던 솔로몬은 하나님의 말씀에 대한 민감성을 잃어버렸습니다.

우리 주변에서도 이전에는 열심히 신앙생활을 하다가 어느새 말씀에 둔감해진 사람들을 종종 볼 수 있습니다. 우리는 신앙생활의 해를 거듭하면서 오히려 하나님의 말씀에 둔감해지는 일을 경계해야 합니다. 바울이 고백한 것처럼, 겉사람은 낡아지나 속사람은 날로 새로워져야만 합니다(고후 4:16). 이를 위해서는 성령이 역사하셔야만 합니다. 성령이 역사하시려면 말씀에 대한 예민함이 보존되어야 합니다.

우리는 솔로몬의 예를 통해 한때는 큰 은혜를 누렸으나, 결국에는 죄에 빠져 둔감해지는 일을 두려워해야 합니다. 만일 그러한 상태에 빠졌다면 자신이 마음을 쏟으며 헌신하고 복종하고 있는 우상을 보아야 할 것입니다. 우상을 닮은 결과로 나타나는 4가지 특성 때문이 아닌지 살펴보아야 합니다.

말씀을 듣지 못하고 있는 상태는 결코 가벼운 것이 아닙니다. 다른 어떤 이유보다도 자신의 우상이 존재하기 때문일 것이기에 자기 안에 있는 우상을 확인해봐야 합니다. 이와 관련해 그레고리 비일은 "우리가 우상 숭배자인지 어떻게 알 수 있을까?"라고 묻고는 그것을 알 수 있는 대답으로 다음 2가지를 말했습니다.

우상 숭배의
2가지 기준

"첫째, 그리스도를 지속적으로 가장 우선시하지 않으면서도 스스로를 그리스도인이라고 주장하고 있는지를 질문해야 한다. …주님과 그분의 말씀 외에 다른 무엇인가에 계속적으로 자신을 헌신한다면 그것은 우리가 그리스도인으로서 정체성을 잃을 위기에 처했다는 것이거나 혹은 아예 처음부터 그리스도인이 아니었다는 의미이다."[20]

이러한 비일의 논지가 이분법적인 관점에 너무도 치우친 것이 아니냐고 반문할 수도 있습니다. 하지만 그의 지적이 정당한 이유는 하나님과 우상 사이에 결코 중간 지대가 존재하지 않기 때문입니다. 신자에게는 '그리스도인가, 아니면 우상인가?'라는 2가지 선택지만 존재합니다. 그러므로 예수를 믿는다고 말하면서도 실상 자신의 삶 속에서는 그리스도를 지속적으로 가장 우선시하지 않는다면, 그는 분명 우상을 숭배하는 사람입니다.

뒤이어 비일은 우상 숭배자인지 알 수 있는 두 번째 기준을 다음과 같이 제시했습니다.

> "둘째, 바울은 고린도후서 10장 5절에서 '모든 생각을 사로잡아 그리스도께 복종하게 하니'라고 말했다. 우리의 삶에서 그리스도와 관련이 없는 부분이 어디인가? 친구나 연인과의 관계인가? 우리의 결혼인가? 우리와 자녀와의 관계인가? 이런 모든 것에서 그리스도와의 관련성을 드러내는지를 묻고는 이어서 '가족이 모여서 규칙적으로 하나님의 말씀을 듣고 기도하는 시간을 가지고 있는가? 주일예배에서 다른 그리스도인들과 교제하며 성실하게 그 모임에 참여하는가?' 이런 질문들에 대한 답이 부정적이라면 이는 우리가 우상 숭배적인 관점을 가지고 있음을 알려주는 잣대가 된다."[21]

비일의 진술처럼, 신자의 삶은 그리스도와 연관되지 않은 부분이 없습니다. 그러므로 자신의 삶 속에서 하나님과 관련 없는 부분이 발견된다면 우리는 이를 우상 숭배적인 삶이라고 정의할 수 있습니다.

이처럼 분명한 기준을 가지고 자신이 삶을 판단한 적이 있습니까? 삶의 각 영역에서 종종 그리스도와 연관되지 않는 부분을 발견했을 때 그저 믿음이 없기 때문이라고 간단하게 치부하고 넘어가지는 않았습니까? 하지만 우리는 하나님 앞에서 이를 결코 합리화할 수 없습니다.

그것은 분명히 우상 숭배적인 삶입니다.

정상적인 신자라면 하나님이 그의 모든 삶을 주장하셔야 하며 신자는 그로 말미암아 자기 삶의 모든 영역에서 하나님께 영광을 돌려야 합니다. 이와 관련해서 비일은 다음과 같이 덧붙여 말했습니다.

> "사람들이 우리를 잘했다고 칭찬할 때 우리는 그 칭찬을 하나님께 돌리고 있는가? 우리는 왜 하나님께 대해 칭찬 듣기를 좋아하는가? 우리는 하나님이 기뻐하시는 것, 즉 그분의 영광을 기뻐하는가? 우리 자신에게 영광을 돌리는 것은 스스로를 우상으로 만드는 것이다."[22]

신자는 그의 삶과 밀접하게 관계되어 있는 우상 숭배의 문제를 결코 가볍게 여겨서는 안 됩니다. 그 이유는 모든 만물을 창조하신 하나님이 지금도 살아 계셔서 온 세상을 주관하고 통치하고 계시기 때문입니다. 특히 우리는 자신의 생명을 주관하시는 분이 하나님이심을 반드시 기억해야 합니다. 그런 의미에서 하나님의 영광을 아무것도 아닌 우상에게 돌리는 것은 매우 심각하게 여겨야 할 문제입니다. 하나님은 이와 같은 우상 숭배를 결코 용납하시지 않습니다.

이는 하나님의 백성에 대해서도 마찬가지입니다. 누구든지 우상 숭배에 빠지면 하나님은 그것을 분명히 경고하시고, 끝내 회개하지 않는 자들을 자신의 말씀에 따라 징벌하십니다.

우리는 이 문제를 진지하게 자문해보아야 합니다. 자신이 정말 하나님만을 참 신으로 믿고 있는지 분명히 짚고 넘어가야 합니다. 성경의 말씀대로 세상의 우상들은 어떠한 생명도 보장하지 못하며, 영혼의 안식과 만족을 결코 제공할 수 없다는 사실을 정말로 믿고 있는지 깊이 생각해보아야 합니다. 더 나아가 이러한 우상의 무능함을 알고 삶 속에서 오직 하나님만을 의지하고 있는지 확인해야 합니다.

하나님만이 참 신이시라는 사실을 알았던 에녹, 노아, 아브라함, 모세, 다윗, 엘리야, 바울과 같은 믿음의 사람들은 자신들에게 허락된 삶 속에서 우상에게 기웃거리지 않고 하나님만을 의지하면서 살았습니다. 그리고 모든 영광을 하나님께 돌렸습니다. 이는 몇몇 사람들만이 가질 수 있는 특별한 삶의 모습이 아닙니다. 우리 역시 그들과 같이 온갖 우상에서 떠나 하나님만을 참 신으로 섬기며 그분을 의지해야 합니다.

오직 하나님만을 택하라

끝으로, 여호수아가 인생의 마지막 순간에 이스라엘 백성에게 남긴 당부를 살펴보고자 합니다.

"만일 여호와를 섬기는 것이 너희에게 좋지 않게 보이거든"

(수 24:15).

그는 "우상이 좋게 보이거든"이라고 말하지 않았습니다. 오히려 "여호와를 섬기는 것이 너희에게 좋지 않게 보이거든"이라고 말했습니다. 우리는 이러한 여호수아의 표현을 유념해야 합니다. 우상 숭배에 있어서 핵심적인 사실은 하나님이 좋지 않게 보이는 것에 있습니다. 그는 만일 이스라엘 백성에게 하나님이 조금이라도 좋지 않게 보이거든, 그들에게 좋아 보이는 신들을 택하라고 말했습니다. 곧 우상을 찾아가라는 뜻입니다. 뒤이어 여호수아는 이스라엘에게 다음과 같이 말했습니다.

"너희 조상들이 강 저쪽에서 섬기던 신들이든지 또는 너희가 거주하는 땅에 있는 아모리 족속의 신들이든지 너희가 섬길 자를 오늘 택하라"(수 24:15).

이는 후에 엘리야가 바알과 아세라를 섬기는 이스라엘에게 "너희가 어느 때까지 둘 사이에서 머뭇머뭇하려느냐 여호와가 만일 하나님이면 그를 따르고 바알이 만일 하나님이면 그를 따를지니라"(왕상 18:21)라고 말한 것과 동일한 의미입니다.

우리는 하나님과 우상 중 어느 한쪽을 분명히 선택해야 합니다. 많은 사람이 하나님도 섬기고 우상도 섬기려고 하지만, 실상 이는 우상을 섬기는 것입니다. 하나님은 그런 자들에게 둘 중 하나를 분명히 택하라고 말씀하십니다. 우리 영혼의 주인 역시 마찬가지입니다. 하나님이 주인이시거나, 아니면 우상이 주인이 되거나 둘 중 하나입니다.

여호수아의 말처럼, 우리도 어느 쪽에 설 것인지 결정해야 합니다. 하나님과 우상 중 자신이 서고자 하는 쪽을 분명히 정해 지금 선택하십시오. 그리고 그 선택한 바를 자신의 삶 속에서 증명하십시오. 하나님을 섬기는 것이 좋게 보이지 않거든 우상을 따라가십시오. 하지만 여호수아와 그의 집처럼 오직 여호와만을 섬기겠다면 자기 안에 있는 우상들을 모두 제거하십시오. 그 우상을 그대로 남긴 채 하나님만을 섬길 수는 없습니다.

아직도 예수님을 믿는다고 고백하면서 자신 안에 우상을 남겨두려는 마음이 있습니까? 만약 그러한 사람이 하나님의 택한 백성이라면 하나님은 그의 삶에 개입하셔서 올바른 길을 선택하도록 하실 것입니다. 그처럼 어리석은 길을 가려고 하는 신자를 징계하시면서라도 오직 하나님만을 택하도록 하실 것입니다.

만일 여호수아와 그의 집처럼 오직 하나님만을 섬기겠다고 결정했다면, 그는 참 신이신 하나님 안에서 살게 될 것입니다. 하나에서부터 열까지, 그의 모든 것을 하나님이 지키실 것입니다. 이 땅에서의 삶뿐만 아니라 영원한 영광에 이르기까지 하나님은 하나님을 의지하는 자들에게 간섭하시고, 그들을 인도하며 도우십니다. 이는 신자에게 있어 하나님의 존재만큼이나 확실한 약속입니다. 성경에 기록된 하나님의 약속이자 역사 속에서도 실제로 증명된 사실입니다. 하나님은 자신이 하신 약속을 반드시 지키시는 분입니다.

아직도 예수를 믿는 것을 종교에 얽매이는 것 정도로 여기고 있다면, 그는 하나님이 누구이신지 모르는 자입니다. 눈에 보이지 않으시나 살아 계셔서 역사하시는 하나님을 믿으십시오. 그리하여 하나님과의 인격적인 관계 가운데 그분의 도우심과 인도하심을 경험하십시오. 하나님은 우리를 그 누구보다도 세밀하고 완전하게 아시는 분입니다. 그러한 존재가 우리의 인생을 붙드시고, 살피시며, 보호하십니다.

그러므로 이제 선택하십시오. 우상은 나의 마음과 필요를 알지 못하며, 혼자 힘으로는 움직일 수조차 없는 무능한 존재입니다. 이런 무능력한 우상을 믿고 의지하는 삶은 그야말로 비참합니다. 우상의 실상을 아십시오. 그리고 하나님과 우상 사이에서 분명한 선택을 내리십시오. 눈에 보이지 않는 영이신 하나님, 하지만 그 누구보다도 나를 인격적으로 대하시고 살피시는 하나님을 믿어 그분을 선택하십시오.

07
•

제1계명을
잘 지키기 원한다면

"여호와를 자기 하나님으로 삼은 나라 곧 하나님의 기업으로 선택된 백성은 복이 있도다 여호와께서 하늘에서 굽어보사 모든 인생을 살피심이여 곧 그가 거하시는 곳에서 세상의 모든 거민들을 굽어살피시는도다 그는 그들 모두의 마음을 지으시며 그들이 하는 일을 굽어살피시는 이로다 많은 군대로 구원 얻은 왕이 없으며 용사가 힘이 세어도 스스로 구원하지 못하는도다 구원하는 데에 군마는 헛되며 군대가 많다 하여도 능히 구하지 못하는도다 여호와는 그를 경외하는 자 곧 그의 인자하심을 바라는 자를 살피사 그들의 영혼을 사망에서 건지시며 그들이 굶주릴 때에 그들을 살리시는도다 우리 영혼이 여호와를 바람이여 그는 우리의 도움과 방패시로다 우리 마음이 그를 즐거워함이여 우리가 그의 성호를 의지하였기 때문이로다 여호와여 우리가 주께 바라는 대로 주의 인자하심을 우리에게 베푸소서" _ 시 33:12-22.

우리를 아프게 하는
말씀 앞에서

지금까지 살펴본, 제1계명을 지키는 것이 무엇인지

에 대한 내용들을 통해 그동안 자신이 은밀하게 섬겨온 하나님 외에 다른 우상들을 발견할 수 있었기를 바랍니다. 우리가 진실로 하나님의 백성이라면 성령이 우리가 섬겨온 우상들의 일부만 깨닫게 하셔도 그로 인해 크게 애통하는 마음을 품게 될 것입니다.

그러나 한 가지는 기억하십시오. 그와 같은 마음은 우리를 비참한 상태와 멸망으로 나아가지 않게 하시려는 하나님의 사랑과 간섭에 따른 것입니다. 하나님은 다른 헛된 우상들을 섬기는 자기 백성의 상태로 인해 질투하시며, 자신과의 친밀하고도 영원한 사랑의 교통 속으로 가까이 이끌어 들이십니다. 그런 하나님의 백성은 노예적인 두려움과 공포감에 사로잡힐 필요가 없습니다. 우리에게 필요한 것은 우리를 향한 신실한 은혜에 감사하며 말씀에 반응해 우상을 버리는 것입니다. 그리하면 기쁨과 만족의 길로 가게 될 것입니다. 그러니 소망을 가지고 인내하며 이 문제를 소홀히 여기지 않기를 바랍니다.

앞에서 우리는 우상을 섬기면 우상을 닮는다는 사실을 살폈습니다. 이러한 계시의 말씀을 알기 전까지 우리는 우리가 섬기는 우상의 본질을 닮아가며 살고 있다는 사실조차 깨닫지 못합니다.

그러나 장차 그 실체가 다 밝혀질 것입니다. 그저 자신의 생각을 따라 산다고 믿었던 우상 숭배자들은 자신들이 마치 그들이 섬기던 우상처럼 생기 없고, 어리석어서 들어도 깨닫지 못하고, 허망하고, 귀신의 본성을 닮은 자라는 사실을 알게 될 것입니다. 그리고 그 최종적인 결론은 우상처럼 처벌받는 일입니다. 따라서 우리는 하나님의 말씀과 성령의 인도하심을 따라 우상을 버리고 오직 하나님만을 섬기는 길로 가야 합니다. 그 길만이 우리가 가야 할 길입니다.

오늘날과 같이 포스트모더니즘의 영향을 받은 다원성 시대, 관용의 시대에 살고 있는 우리는 "오직 이 길밖에 없다"는 말을 싫어합니다. 독선적이라 여기며 불편해집니다. 그러나 성경은 우리가 만든 문화와 가치를 기준으로 봐서는 안 됩니다. 성경은 모든 것의 창조주요, 주권자이신 하나님이 우리 안에 있는 거짓까지 다 아시고, 그것을 깨뜨리시기 위해 역사 속에 자신의 참됨을 드러내신 계시입니다. 성경의 하나님은 한 번의 사건이나 이야기가 아니라 오랜 역사를 통해 우리의 거짓됨과 자신의 참됨을 확증하시며, "우상을 버리라. 오직 하나님을 섬기는 것 외에 다른 길은 없다"고 말씀하십니다.

출애굽기 20장 3절에 기록된 십계명의 제1계명은 하나님을 알고 그분의 은혜를 입어 구속함을 받은 모든 하나님의 백성에게 절대적으로 중요한 계명입니다. 우리는 그것을 소홀히 할 수 없습니다.

사실 하나님이 주신 모든 계명이 다 중요합니다. 하나님을 알지 못하고 하나님의 존재 자체를 인정하지 않는 자들은 그 계명들의 절대적인 가치와 필요를 모릅니다. 그러나 신자는 다릅니다. 무엇보다 우리는 세상의 창조자, 역사의 주권자, 우리를 구원하신 구원주 하나님만을 섬기며, 의지하고, 또 그분께 영광을 돌리며 사는 것이 마땅합니다. 우리의 존재와 신앙과 삶, 그야말로 모든 것의 시작에 제1계명을 기억하고 지키는 일이 있어야 합니다. 그래서 예수님도 이것을 가장 큰 계명으로 말씀하신 것입니다(마 22:37-38).

그러므로 우리는 이제 "나 외에는 다른 신들을 네게 두지 말라"라는 제1계명을 지키기 위해 노력해야 합니다. 그리고 어떻게 유일하신 하나님 곁에 우상을 두지 않고 하나님을 실천적으로 잘 섬기며 사랑할 수 있는지를 생각해보아야 합니다. 이 장에서는 모든 것의 시작인 제1계명을 따르기 위해 간단하지만 계속해서 기억하며 실천해야 할 내용 4가지를 살펴보고자 합니다.

첫째,
하나님을 알기 위해 힘쓰라

첫 번째는 하나님을 바르고 풍성히 알기 위해 힘쓰는 것입니다. 우상 숭배는 다름 아니라 하나님과 모든 피조물의 구분을 깨는 것에서부터 시작되었습니다. 따라서 우리가 제1계명을 잘 지키려면 하나님과 피조물의 구분을 깰 수 없는 근거를 확실히 알아야 합니다.

제1계명을 지키는 것은 우리가 마음만 먹으면 자동적으로 이루어지는 종류의 일이 아닙니다. 이를 위해 우리는 계속적으로 하나님을 정확하고도 풍성히 알아가기를 힘써야 합니다. 하나님과 하나님 외에 다른 피조물의 구분을 깨지 않을 만큼, 그렇게 하고 싶지 않을 만큼 하나님을 알기 위해 힘써야 합니다. 하나님을 아는 것은 우리의 영적인 생명성을 지속하고 유지하는 가장 중요한 방편입니다.

주님은 참 생명, 곧 영생을 하나님과 주 예수 그리스도를 아는 것으로 말씀하셨습니다(요 17:3). 이렇게 말씀하신 이유는 영적인 생명성이 하나님을 아는 것으로 유지되기 때문입니다. 하나님과의 바른 관계 속에서 하나님을 참으로 알 때 우리는 영적으로 깨어 이 땅에 있는 다른 우상들을 찾지 않아도 되는 생명력을 가지고 살게 됩니다. 하나님을 아는 것 안에서 영생을 얻고 누리는 것입니다.

이와 같은 참 생명을 가진 자만 제1계명을 잘 지킬 수 있습니다. 하나님을 아는 지식을 계속적으로 풍성히 공급받지 않으면 우리는 하나님과 피조물 사이의 구분을 깨려는 유혹을 반복적으로 받을 수밖에 없습니다. 신자는 어떤 전환으로 인해 '나는 큰 은혜를 받았고 하나님의 선한 뜻을 깨달았으니 이제는 다른 사람들에게 그 뜻을 전하며 참된 삶을 살고 싶다'는 마음을 가질 수 있습니다. 그러나 그렇게 무언가 하고 싶은 활동성은 하나님을 정확하고 풍성히 아는 일에 대한 계속적인 공급이 없으면 무너지게 됩니다.

• 하나님을 아는 지식이 공급되어야 하는 이유

기독교 신앙은 우리 내면에서 솟아나는 자생적인 힘으로 버티는 것이 아닙니다. 우리는 영생, 하나님을 아는 것, 하나님 안에서의 풍요로움이 지속적으로 공급될 때만 영적인 성장과 활동을 지속할 수 있습니다. 이런 공급이 없는 종교적인 활동은 결국 사람을 지치게 합니다. 세상의 다른 활동들은 지식과 기술을 축적해놓으면 적당히 활용하며 지속할 수 있습니다. 그러나 영적인 성장과 활동은 영적인 공급이 계속되어야만 지속할 수 있고 위선하지 않을 수 있습니다.

예전에 무엇을 열심히 배웠고, 선교단체에 속해 활동했던 경험이 있으면 계속 좋은 신자로 살게 되는 것이 아닙니다. 오히려 그런 것들로 버티면 위선자가 됩니다. 하나님 외에 다른 것들에 기웃거리지 않을 만큼 하나님을 아는 것이 풍성하고 지속적으로 공급되지 않으면 제1계명을 지키는 데 실패해 우상에 빠질 수 있습니다. 우리는 우상의 유혹 때문에 우상에 대해서 분별력을 가져야 하지만, 그 이상으로 하나님을 정확히, 그리고 더욱 풍성히 알아야만 합니다.

계시된 말씀을 통해 지속적으로 하나님을 정확하고 풍성히 알기를 힘쓰지 않는 사람들은 상대적으로 우상 역시 분별하지 못합니다. 한때는 분별했다 해도 세월이 지나면서 새로운 삶의 국면과 내면의 복잡한 상태를 경험하며 분별력이 둔해집니다. 결국 하나님 외에 다른 것들에 마음을 빼앗기게 되는 것입니다.

계시된 그대로 하나님을 알아가지 않는 사람들은 신앙과 삶에 거짓된 것들이 뒤섞입니다. 거의 예외 없이 혼합주의적이고 기복적인 상태로 흘러갑니다. 하나님을 섬긴다고 하면서도 우상 수준으로 섬기며, 그런 자신의 신앙과 삶에 문제가 있다고 생각하지 않습니다. 영적인 무감각함에 빠지는 것입니다.

• 공급이 없을 때 발생하는 우상 숭배

하나님을 알아가는 가운데 하나님이 중심이 되시지 않으면 자신이 중심이 된 신앙을 갖고 삶을 살게 됩니다. 그리고 이런 병적인 영혼의 상태는 사실 기복주의적인 모습으로 드러납니다. 오늘날에는 기복주의적인 신앙이 만연해 있지만, 사실 이는 굉장히 위험합니다. 마지막에 주님 앞에 설 때 주께서 "내가 너를 알지 못한다"고 하실 사람들 중에 상당히 많은 비율이 기복적인 신앙을 가진 자들일 것입니다. 그들은 자기중심성을 가지고 무언가 열심히 하는 것을 위안 삼아 살다가 마지막에 주님 앞에 서는 것입니다.

참된 신앙은 현실이 어떻다 해도 하나님과 피조물의 구분을 깨지 않을 만큼 하나님을 인정하며 풍성히 알아가는 것입니다. 하지만 기복주의적인 신앙은 힘든 현실이 닥칠 때 하나님을 원망하며, 하나님 앞에 지켜야 할 모든 것을 무너뜨립니다. 교회에 가고 싶지도 않고, 억지로 예배당에 앉아도 딴생각을 합니다. 하나님을 가까이하며 그분 앞에서 행하고자 하는 동기 부여가 전혀 되지 않는 것입니다. 어떤 이유로도 결코 깨뜨리지 말아야 할 하나님과 피조물 사이의 구분, 하나님의 하나님 되심에 대한 인정을 자신이 처한 현실에 따라 깨버리는 것입니다. 이렇게 자신의 형편에 따라 하나님을 달리 대하는 것이 기복주의 신앙의 위험성이요, 성경의 전체적인 메시지와 중심 사상에서 벗어난 기만성입니다.

- **하나님을 더 많이 알고자 하라**

성경 진리를 따라 하나님을 바르게 알고 믿는 자는 어떤 연유로든 제1계명을 지키지 않고 하나님과 피조물 사이의 구분을 깨는 죄를 범하기를 두려워합니다. 그러한 죄와 씨름하며 결국 제1계명을 지키는 데로 나아갑니다. 따라서 우리는 하나님을 알도록 계시해주는 말씀을 항상 가까이하고, 듣고, 읽고, 배워야 합니다. 그러나 어떤 사람은 성경을 배우는 것을 부담스러워하고, 어떤 사람은 싫증 냅니다. 이런 태도는 하나님 앞에서 자신의 중심이 어떠한지를 보여주는 증거입니다.

우리가 성경을 배우는 것은 단순히 지식적인 문제가 아닙니다. 하나님의 말씀이 우리 영혼에 유익과 감동이 되고, 나를 하나님의 뜻대로 움직이게 하는 양식이 되게 하기 위해서입니다. 특히 목회자가 성경이 말하는 메시지를 시대적인 문맥 속에서 조명해 오늘날 나의 삶에 적용될 수 있도록 하는 말씀에 귀를 기울이고 그러한 가르침들을 신중히 살펴야 합니다. 그리고 듣고 배우는 성경 진리를 고리타분하고 죽은 진리가 되지 않도록, 여전히 살아 있고 또 우리를 살게 하는 생명의 양식으로 섭취해야 합니다.

무엇보다 우리는 하나님을 알아가기 위해, 그리고 제1계명을 잘 지키기 위해 계시된 말씀을 부지런히 배워야 합니다. 머릿속의 단순 지식이 아니라, 삶에까지 수용될 수 있도록 창조주 하나님, 주권자 하나님, 구원자 하나님에 대해서 풍성히 알아야 합니다.

물론 하나님의 부요하심 전체는 우리가 일평생을 소진해도 다 알 수 없습니다. 우리의 이해는 하나님을 몇 가지 문장들로 표현할 수는 있을지 몰라도, 창조주 하나님이 이 광대한 세상의 모든 것을 주권적으로 유지하시고 모든 개인과 공동체, 나라의 역사와 삶에 관여하시는 생생한 역사가 현재적으로 나의 실존에까지 미치고 있다는 것을 다 아는 것은 그리 간단한 문제가 아닙니다. 구원자 하나님을 아는 것 또한 헤아릴 수 없이 크고 놀라운 일입니다. 그리스도 안에서 하나님이 친히 오셔서 허락해주신 구원은 얼마나 풍성한 이야기입니까!

　우리는 이 같은 하나님을 아는 데 부족함을 느끼지 않을 수 없습니다. 부지런히 성경을 읽고 관련된 책들을 참고해 보아도 하나님에 대해 실천적으로 생생하게 알고 이해하는 것은 또 다른 문제입니다. 책을 통해 하나님을 지식으로 아는 것뿐 아니라, 그 실체를 체험적으로 알고, 하나님의 세계와 하나님의 지혜의 풍성함을 감격과 감동 속에서 알아가고, 다른 사람들에게도 알리는 것은 또 다른 문제입니다.

　따라서 우리는 하나님이 우리를 위해 세우신 신실한 목회자들과 함께 성경을 읽어갈 뿐만 아니라, 그들로 하여금 성경을 펼쳐 전하게 하신 진리의 말씀을 부지런히 배워 알아가야 합니다. 그렇지 않으면 우상에 기웃거리게 됩니다. 하나님을 아는 것이 너무 일천해 하나님이 작아 보이고 상대적으로 현실이 크게 다가오는 것입니다. 하나님을 알지 못하고 하나님에 대한 이해가 없기 때문에 우상을 섬기는 것입니다.

　조금 아는 것 가지고 교만하고 배우지 않으려 하는 것은 스스로를 망하게 하는 길입니다. 제1계명을 잘 지키기 위해 하나님을 알아가고자 힘쓰려 해도 모자란 인생입니다. 성경 읽기와 전해지는 설교, 성경 공부 등을 통해 하나님을 알아가는 일에 힘쓰십시오. 그렇게 공부한 것은 결국 우리 영혼에 유익이 될 것입니다. 훗날 병상에 누워 죽어갈 때도 과거에 배운 진리가 남아 성도의 성화의 마지막 과정이라는 죽음의 순간까지 중요하게 작용할 것입니다.

　그러므로 하나님을 힘써 알고자 하십시오. 배워가십시오. 오늘날 우리에게도 1세기에 바울이 두란노에서 사람들을 2년간 가르쳤던 것처럼 하나님의 말씀을 부지런히 가르치고 배우는 일이 있어야 합니다.

둘째,
하나님을 항상 의식하며 살라

두 번째로 우상을 하나님 곁에 두지 않고 오직 하나님만 섬기기 위해서는 하나님을 항상 의식하며 사는 삶의 태도가 필요합니다. 자신의 삶의 모든 부분이 하나님이 허락하신 것이며 하나님 안에 있어서 모든 순간순간 하나님의 면전에서 행하고 있음을 알고 살아가야 하는 것입니다. 우리는 시편 33편 기자가 고백한 것처럼, 인생을 굽어살피시는 하나님을 의식하며 살아야 합니다.

> "여호와께서 하늘에서 굽어보사 모든 인생을 살피심이여 곧 그가 거하시는 곳에서 세상의 모든 거민들을 굽어살피시는도다 그는 그들 모두의 마음을 지으시며 그들이 하는 일을 굽어살피시는 이로다"(시 33:13-15).

우상은 하나님과 같이할 수 없습니다. 그러나 제1계명이 말하는 우리 하나님은 우리가 사는 세상을 창조하셨고, 지금도 상세히 살피며 다스리십니다. 우리 삶의 모든 것이 그분과 무관할 수 없습니다. 심지어 게임을 하고, 스포츠를 하고, 성생활을 한다 해도 그 어떤 것도 하나님과 무관하지 않습니다. 폴 트립은 "성생활에서 당신은 의식적으로 하나님께 순종하든지 스스로를 하나님의 자리에 놓든지 이 둘 중의 하나이다"[23)]라고 했습니다. 하나님은 자기에게 순종하는 가운데, 곧 말씀 안에서 성생활을 하는 것과 말씀을 벗어나서 성생활을 함으로써 성을 우상으로 섬기는 것을 아십니다.

이처럼 우리는 우리가 삶에서 하는 일이 무엇이든 하나님이 그 모든 일을 아시며, 우리가 행하는 모든 일이 하나님과 관련되어 있다는 사실을 기억하며 살아야 합니다.

셋째,
하나님을 선택하라

우리가 우상을 버리고 제1계명을 잘 지키며 살기 위한 세 번째 지침은 우리에게 중요하게 여겨지는 대상, 일, 상황 앞에서 하나님께 속한 것을 선택하는 것입니다. 우리가 처한 모든 상황과 조건 속에서 하나님과 그분께 속한 것을 선택하라는 말은 선택의 순간에 맹목적이고, 광신적이고, 기계적이고, 비인격적인 주체가 되라는 뜻이 아닙니다. 하나님은 이 세상 만물 가운데 유일한 참 신이십니다. 하나님은 우리가 마주하는 이 세상에 존재하는 모든 것을 주관하십니다. 그분께만 생명이 있고, 미래가 있고, 복이 있습니다. 그러므로 우리는 모든 선택의 기로에서 의지적이고 의식적으로 다른 무엇보다 하나님과 그분께 속한 하나님의 말씀을 기준으로 선택하려고 해야 합니다. 이 일에 충실하지 않고 제1계명을 지키는 것은 겉으로만 하나님을 섬기는 시늉을 하는 것입니다.

예컨대 아브라함이 그의 조카 롯에게 "네가 좌하면 나는 우하고 네가 우하면 나는 좌하리라"(창 13:9)라고 말한 것을 생각해보십시오. 그때 아브라함의 마음속에 무슨 생각이 있었을까요? 그는 자기 눈에 보이는 좋은 땅보다 자신을 아시고 자기 삶에 간섭하시는 참 하나님이 계신 것에 더 중요한 가치를 두었습니다. 어느 땅으로 갈지에 대한 선택은 롯이 했습니다. 그러나 그 이전에 아브라함이 먼저 하나님을 선택한 것입니다. 그는 삶의 터전을 결정하는 중요한 순간에 눈에 보이는 더 좋은 땅을 고르기보다 하나님을 선택했습니다.

우리에게도 우리의 마음을 쏟게 하는 것들이 많이 있습니다. 사랑하는 사람, 자녀, 생업, 학업, 게임, 성, 이 외에도 다양한 버킷리스트가 있을 것입니다. 그 모든 일을 행할 때는 대체로 선택이 필요합니다. 또 우리 인생은 이따금 앞이 안 보여 지금 무엇을 어떻게 해야 할지 모르는 순간을 만나기도 합니다. 그러나 그 모든 때에 우리는 아브라함처럼 선택해야 합니다. 보이는 다른 무엇이 아닌, 살아 계신 하나님 안에서의 삶을 기대하며 하나님과 그분께 속한 쪽을 선택해야 합니다.

하나님은 우리에게 "너는 나 외에는 다른 신들을 네게 두지 말라"라고 말씀하시지만, 그럴 수밖에 없도록 만들지는 않으십니다. 다시 말해서, 오직 하나님만 섬기는 한 길을 열어두고 다른 모든 길은 막고 "네가 갈 길은 이 길뿐이다. 그러니 나만 섬기라"라고 말씀하시지 않는다는 뜻입니다. 하나님은 자기 외에 다른 우상들을 선택할 수 있는 가능성들을 열어놓으셨습니다. 그리고 우리가 그 가운데서 하나님만을 선택해 섬기기를 원하십니다.

곧 하나님은 우리가 제1계명을 기계적으로 지키는 것이 아니라, 하나님을 알고 하나님과의 인격적인 관계 속에서 마음을 다하고, 뜻을 다하고, 목숨을 다해 그분을 사랑하며 지키기를 원하십니다. 다른 것들을 선택할 수 있는 상황과 유혹 속에서 하나님을 아는 자로서의 인격적인 반응으로 하나님을 선택해 하나님에 대한 마음, 사랑을 드러내도록 하신 것입니다.

하나님이 우리에게서 찾으시는 것은 바로 하나님에 대한 사랑의 표현입니다. 제1계명이 명하는 것은 모든 상황과 선택의 기로에서, 또 우상이 될 수 있는 여러 대상들 속에서 우리의 마음을 하나님께 두고 하나님을 선택하는 하나님을 향한 사랑입니다.

넷째,
하나님만 의지하고 하나님께 답을 구하라

마지막으로, 제1계명을 잘 지키며 살기 위해서는 삶에서 다른 무엇을 의지하지 않고 끝까지 하나님 안에서 답을 찾고 그분을 의지하고자 하는 태도를 가지는 것입니다. 우리는 계속 나 자신의 인생이나 나와 관련된 배우자, 자녀, 가족, 직장의 현실적인 필요들을 직면합니다. 흔히 이런 문제들 앞에서 대부분의 사람들은 하나님 곁에 우상을 만들어 섬기고자 하는 유혹을 받고 결국 넘어갑니다. 그러나 하나님만이 참 신이심을 알고 믿는 우리는 그런 순간에 가짜 신들을 쳐다보거나 붙들지 말아야 합니다.

아브라함은 독자 이삭을 제물로 바치라는 시험 앞에서 유일하신 참 하나님이 자신의 인생을 주장해 인도하실 것을 믿고 끝까지 하나님을 의지하고 신뢰했습니다. 우리 역시 그와 같은 믿음을 고수하지 않으면 제1계명을 지킬 수 없습니다. 하나님만이 참 신이심을 믿고 힘들고 인내해야 하는 시간이 조금 길어지더라도 포기하지 않고 하나님을 의지하는 것이 신자가 가져야 할 모습입니다.

만일 다른 우상들을 의지하면 잠시 후에 우리가 의지한 그 우상들이 아무것도 아니었다는 사실이 드러날 것입니다. 어떤 과정을 지나겠지만, 결국 마지막에는 하나님이 오직 그분만이 우리가 의지해야 할 분이시라는 결론을 보여주십니다. 하나님 외에 다른 것들을 의지하지 않은 아브라함에게 하나님은 결국 다른 희생 제물을 준비해주셨습니다. 마찬가지로 하나님은 우리 삶의 결론을 가지고 자신이 참 신임을 증명하십니다. 우리가 이 일에서 실패하면 우리는 하나님 외에 우상을 섬기지 말라는 명령도 따를 수 없습니다.

시편 33편 기자는 "많은 군대로 구원 얻은 왕이 없으며 용사가 힘이 세어도 스스로 구원하지 못하는도다 구원하는 데에 군마는 헛되며 군대가 많다 하여도 능히 구하지 못하는도다"(시 33:16-17)라고 고백했습니다. 그러고는 그것들을 자기 우상으로 섬기는 대신에 참되신 하나님을 바라고 의지하라고 말했습니다.

> "여호와는 그를 경외하는 자 곧 그의 인자하심을 바라는 자를 살피사 그들의 영혼을 사망에서 건지시며 그들이 굶주릴 때에 그들을 살리시는도다"(시 33:18-19).

많은 군대나 힘센 용사가 자신을 구원할 것처럼 여기는 자는 하나님 대신 그런 것들을 섬기게 됩니다. 그러나 그 길에는 구원이 없습니다. 오직 여호와를 경외하는 자, 곧 그분의 인자하심을 바라는 자를 참 신이신 하나님이 살피사 구원하십니다. 당장은 많은 군대와 힘센 용사가 현실적인 답처럼 보이고 문제의 해결책이 되는 듯합니다. 하지만 결론적으로는 하나님이 하나님의 인자하심, 곧 그분의 한결같은 사랑을 믿고 의지하는 자를 구원하십니다. 그 사실을 매우 확고히 안 시편 기자는 이어서 이렇게 고백했습니다.

> "우리 영혼이 여호와를 바람이여 그는 우리의 도움과 방패시로다 우리 마음이 그를 즐거워함이여 우리가 그의 성호를 의지하였기 때문이로다"(시 33:20-21).

하나님은 시편 기자에게만 아니라 우리에게도 참된 도움과 방패이십니다. 그러니 다른 것을 의지하지 말고 하나님을 바라며 의지하십시오. 특히 시편 기자가 하나님을 의지할 때 자신의 마음이 하나님을 즐거워한다고 말한 것처럼, 하나님을 의지하는 자를 친히 보살피시고 건지시는 하나님을 확고히 믿고 그분으로 인해 기뻐하십시오. 확고한 믿음 안에서 하나님을 기뻐하십시오.

하나님의 참 백성은 하나님을 의지할 수 있다는 것만으로도 하나님을 기뻐합니다. 그 정도로 하나님에 대한 확신을 가지고 있기 때문입니다. 우리는 어떻습니까? 누구도 비교할 수 없는 하나님에 대한 확고한 믿음을 가지고, 오직 그분만을 의지하며, 자신을 구원하실 하나님을 즐거워하고 있습니까? 우상들을 곁에 두지 않고 제1계명을 잘 지키며 살기 위해서는 시편 기자처럼 하나님을 확고히 의지하는 중심, 믿음이 있어야 합니다.

하나님의 도우심으로
4가지 원칙을 지키라

제1계명을 잘 지키기 위해서는 이상의 4가지를 실천적으로 적용할 필요가 있습니다. 그러나 그조차 우리가 할 수 있는 일은 아닙니다. 하나님의 도우심이 필요합니다. 우리가 이 4가지를 항상 행함으로 제1계명을 잘 지킬 수 있게 도와주시기를 구해야 합니다.

아서 베넷(Arthur Bennett)이 편집한 청교도들의 기도집을 보면, 제1계명을 잘 지키기를 바라는 소원을 가지고 기도한 내용이 있습니다. 우리도 마땅히 기도해야 합니다. 기도로 구하는 것 없이 우상으로 둘러

싸인 현실에서 어떻게 제1계명을 잘 지킬 수 있겠습니까? 다음은 많은 고민이 녹아 있는 참 깊은 기도문입니다.

"선하신 하나님, 오늘도 해야 할 일을 능히 감당할 수 있는 은혜를 구하기 위해 주님께 나아갑니다. 저는 오늘도 죄악된 마음 가지고 악한 세상으로 나아갑니다. 주님 없이는 어떤 일도 할 수 없음을 고백합니다. 제가 관심을 기울이는 모든 일이 그 자체가 악한 일은 아닐지라도 주님의 권세로 보호되지 않으면 저의 우둔함과 죄성을 드러내는 것밖에 되지 않을 것입니다. 저는 오직 주님 안에 있을 때만 안전합니다. 제 생각이 거룩함과 우상 숭배 사이에서 미묘한 오류에 빠지지 않도록 저를 보호해주시기를 간구합니다. 저의 정서를 우상 숭배에서, 저의 성품을 죄악된 생각에서, 제가 하는 일을 모든 형태의 악에서 지켜주십시오."[24]

우리도 이렇게 기도해야 합니다. 4가지 구체적인 지침들을 삶 속에서 실천하도록 도와달라고 구함과 동시에, 거룩함과 우상 숭배 사이에서 미묘한 오류에 빠지지 않도록 보호해달라고 구해야 합니다. 제1계명을 제대로 지키며 하나님과의 관계 속에서 복을 누리며 살기 위해서는 하나님의 거룩함과 우상 숭배 사이의 미묘한 오류에 빠지는 것을 경계해야 합니다. 우리도 이런 차원에서의 민감함을 갖고 하나님 앞에서 기도할 수 있기를 바랍니다.

우상 숭배는 우리 삶의 마지막까지 중요하게 다루어야 할 문제입니다. 요한계시록 22장 12-13, 15절에서 예수님은 "보라 내가 속히 오리니 내가 줄 상이 내게 있어 각 사람에게 그가 행한 대로 갚아 주리라 나는 알파와 오메가요 처음과 마지막이요 시작과 마침이라…개들과 점술가들과 음행하는 자들과 살인자들과 우상 숭배자들과 및 거짓말을 좋아하며 지어내는 자는 다 성 밖에 있으리라"라고 하셨습니다.

여기서 우선적으로, 주님이 마지막에 상을 주시고 행한 대로 갚아주는 일을 하신다는 것을 주목해야 합니다. 마지막 날, 주님은 처음과 마지막이 되시고 시작과 마침이 되시는 분으로서 모든 일에 대해 심판을 행하십니다. 그런데 15절에서 볼 수 있듯이, 우상 숭배자들은 그 마지막 심판의 때에 구원에서 배제되어 '성 밖에' 있게 됩니다.

이런 결론은 가볍게 넘어갈 일이 아닙니다. 인간을 구원에서 배제되게 하는 우상 숭배는 모든 인류가 처음부터 행해온 크고 보편적인 죄입니다. 타락한 인간은 우상을 숭배하는 존재가 되어 삶 전체를 우상을 숭배하면서 삽니다. 그리고 그것은 최후 심판을 확증하는 죄목으로 지적받게 될 것입니다.

여기서 진지하게 생각해볼 한 가지 사실은 구원받은 백성의 우상 숭배입니다. 하나님과 예수님의 은혜를 믿는 백성도 유혹을 받아 우상을 숭배하는 일이 있기 때문입니다. 하나님의 백성은 구약시대에도 우상 숭배의 유혹을 받았습니다. 신약시대에 와서는 탐심도 우상 숭배라고 말합니다. 성도가 우상 숭배에 빠지는 일이 있을 수 있다는 뜻입니다.

그러나 그들은 구원에서 배제되는 우상 숭배자들과는 차이가 있습니다. 우상 숭배의 유혹을 받아 우상을 숭배하는 일이 있을 수는 있으나, 성 밖에 쫓겨나는 자들과는 다른 이유가 있는 것입니다. 그 이유는 바로 그리스도와 연합한 자로서 회개하기 때문입니다. 하나님의 백성은 우상을 숭배한 일을 회개하며 우상을 내려놓습니다. 하나님 외에 다른 신들을 자기에게 두지 않으려는 것입니다. 그들은 우상을 마냥 품고 섬기면서 살지 않고 회개합니다.

우리는 하나님의 백성으로서 우리가 섬기던 우상에 대해 깨우쳐주시는 하나님의 은혜에 감사해야 하며, 거기서 멈추지 말고 그런 비추임을 받은 바를 따라 회개해야 합니다. 이것은 참으로 복된 일입니다. 진실로 회개하고자 하는 자는 주님이 도우시기 때문입니다. 그 길에는 하나님 안에서의 복됨이 있습니다. 그러므로 돌이키십시오. 주께로 돌이키는 길이 행복한 길입니다.

우상을 두고 있으면서도 회개하지 않는 자들은 요한계시록 22장에서 말하는 바로 그 우상 숭배자들입니다. 그들은 거듭나지 않은 것이고, 하나님을 아직 알지 못하는 자들입니다. 자기 안에 하나님보다 더 절대적인 영향을 미치는 우상들을 두어 섬기고 있는 자들입니다. 그러한 자들은 거듭남을 간구해야 합니다.

한편 이미 하나님을 섬기는 성도 된 자들은 성화의 과정 속에서 다른 모든 죄 중에서도 특별히 우상 숭배의 죄를 하나님 앞에서 가볍게 다루지 않고 회개해야 합니다. 하나님의 말씀에 반응해 우상을 버리고 오직 하나님만 섬기는 길로 나아가는 우리 모두가 될 수 있기를 기도합니다.

08

하나님을 우상처럼 섬기지 말라

────────── "…이스라엘 장로들이 이르되 여호와께서
어찌하여 우리에게 오늘 블레셋 사람들 앞에 패하게 하셨는고
여호와의 언약궤를 실로에서 우리에게로 가져다가 우리 중에
있게 하여 그것으로 우리를 우리 원수들의 손에서
구원하게 하자 하니 이에 백성이 실로에 사람을 보내어
그룹 사이에 계신 만군의 여호와의 언약궤를 거기서 가져왔고
엘리의 두 아들 홉니와 비느하스는 하나님의 언약궤와 함께
거기에 있었더라…블레셋 사람들이 쳤더니
이스라엘이 패하여 각기 장막으로 도망하였고 살륙이 심히 커서
이스라엘 보병의 엎드러진 자가 삼만 명이었으며
하나님의 궤는 빼앗겼고 엘리의 두 아들 홉니와 비느하스는
죽임을 당하였더라"_ 삼상 4:2-11.

────────── "기럇여아림 사람들이 와서 여호와의 궤를 옮겨
산에 사는 아비나답의 집에 들여놓고 그의 아들 엘리아살을
거룩하게 구별하여 여호와의 궤를 지키게 하였더니
궤가 기럇여아림에 들어간 날부터 이십 년 동안 오래 있은지라
이스라엘 온 족속이 여호와를 사모하니라
사무엘이 이스라엘 온 족속에게 말하여 이르되 만일 너희가
전심으로 여호와께 돌아오려거든 이방 신들과 아스다롯을
너희 중에서 제거하고 너희 마음을 여호와께로 향하여
그만을 섬기라 그리하면 너희를 블레셋 사람의 손에서
건져내시리라 이에 이스라엘 자손이 바알들과 아스다롯을
제거하고 여호와만 섬기니라"_ 삼상 7:1-4.

하나님을 우상처럼
이용하려 했던 이스라엘

우리는 성경의 기록과 교회의 역사 속에서 하나님과 우상을 겸하여 섬기거나 혹은 하나님을 우상처럼 섬긴 사례들을 발견할 수 있습니다. 그중 가장 대표적인 사건은 애굽에서 나온 이스라엘이 시내 광야에서 금송아지를 만든 일입니다. 아론은 금송아지를 두고 "이는 너희를 애굽 땅에서 인도하여 낸 너희의 신이로다"(출 32:4)라고 말했는데, 이는 이스라엘이 하나님을 우상으로 형상화했을 뿐만 아니라, 하나님을 우상처럼 섬겼다는 것을 의미합니다.

사실 하나님을 우상처럼 섬기려면 이미 하나님의 백성 중에 거하면서 하나님에 대한 다각적인 지식과 이해, 경험을 갖고 있어야 합니다. 이스라엘 백성은 하나님에 대한 지식을 가졌으나, 그 지식을 이용해 제1계명을 범했습니다. 이러한 모습은 구약의 이스라엘 백성뿐만 아니라 현대의 교회 공동체 속에서도 볼 수 있습니다. 인간의 역사는 곧 제1계명을 범한 역사라고 말해도 과언이 아닐 정도로 과거나 현재나 이 일은 끊임없이 반복되고 있습니다.

사무엘상 4장과 7장에 기록된 두 사건은 왕이 없이 각기 자기 소견에 옳은 대로 행한 이스라엘의 영적 암흑기에 벌어진 일들입니다. 당시 엘리 제사장은 이스라엘을 다스렸고, 그의 두 아들 홉니와 비느하스는 임의대로 제사를 주관해 하나님 앞에 크게 범죄하고 있었습니다.

그러나 하나님은 이스라엘에게 자신의 뜻을 전하시려고 어린 사무엘을 부르셨습니다. 하나님의 임재 속에서 사무엘은 하나님의 뜻을 깨닫게 되었고, 온 이스라엘을 향해 하나님의 말씀을 전했습니다. 그러나 이스라엘은 크게 변하지 않았습니다. 여전히 엘리는 이스라엘의 지도자 자리에 앉아 있었고, 홉니와 비느하스는 하나님께 드리는 제사를 심하게 훼손하고 있었습니다.

이와 같은 깊은 영적인 암흑 가운데 이스라엘은 블레셋과 대치하게 되었습니다. 그들은 기대와 달리 1차 전쟁에서 참혹한 패배를 경험했습니다. 4,000명가량의 군사를 잃고 말았습니다. 그러자 이스라엘의 장로들이 모여 회의를 열었습니다. 그들의 의문은 "여호와께서 어찌하여 우리에게 오늘 블레셋 사람들 앞에 패하게 하셨는고"(삼상 4:3)였습니다.

그들은 전쟁에서의 패배가 이해되지 않았습니다. 하나님의 백성이 수행하는 모든 전쟁은 결코 하나님과 무관하지 않았습니다. 따라서 그들의 의문은 일견 타당해 보입니다. 자신이 가진 문제를 하나님께 내어놓지도 않고 아무것도 구하지 않는 사람들과 비교할 때 어쩌면 이스라엘 장로들이 보인 반응은 매우 긍정적으로 평가할 수 있습니다.

그런데 문제는 이러한 의문의 동기와 그 이후의 반응입니다. 우리는 장로들의 그다음 행동을 통해 그들의 질문의 동기가 거룩하지 않았다는 것을 확인하게 됩니다. 왜냐하면 그들은 실로에 있는 여호와의 언약궤를 가져와서 그것으로 전쟁에서 승리하고자 했기 때문입니다. 어떤 이들은 왜 그것이 문제냐고 물을 것입니다. 오히려 이스라엘 장로들의 행동은 믿음을 따른 것처럼 보이기 때문입니다.

실제로, 과거 이스라엘은 40여 년의 광야 생활을 마치고 가나안 땅에 입성했을 때 언약궤가 지닌 강력한 힘을 직접 경험했습니다. 이스라엘의 거대한 행렬을 가로막았던 요단강이 언약궤를 멘 제사장들의 발이 강에 담기자 곧바로 갈라져 마른 땅을 드러냈습니다. 이어 벌어진 여리고성 전투에서는 어떠한 전쟁 행위도 없이 언약궤를 멘 채 7일 동안 성벽을 행진한 결과, 강대한 여리고 군대를 압도적으로 이길 수 있었습니다. 그러므로 이스라엘에게 언약궤는 승리의 상징과도 같았습니다.

지난 경험을 토대로 언약궤를 진영 안으로 들여온 이스라엘은 크게 열광하기 시작했습니다. 언약궤의 능력을 알고 있던 사람들은 언약궤의 등장만으로도 큰 용기를 얻었던 것입니다. 심지어 블레셋 사람들까지도 언약궤가 도착했다는 소식을 듣고 "우리에게 화로다 전날에는 이런 일이 없었도다 우리에게 화로다 누가 우리를 이 능한 신들의 손에서 건지리요 그들은 광야에서 여러 가지 재앙으로 애굽인을 친 신들이니라"(삼상 4:7-8) 하고 크게 낙담했을 정도입니다.

이상의 모든 사실은 장로들의 결정이 하나님을 통해 승리를 기대하는 신앙적 행위였음을 증명하는 것처럼 보입니다. 그러나 이스라엘의 기대와 달리 상황은 더욱 악화되었고, 이스라엘은 마침내 블레셋에 참패하고 말았습니다. 2차 격전에서 이스라엘은 하루 만에 군사 3만 명을 잃었고 제사장 엘리의 두 아들 홉니와 비느하스도 죽임을 당했습니다. 또한 이스라엘이 그토록 의지하던 하나님의 언약궤마저도 블레셋 사람들에게 빼앗기는 처참한 역사가 일어났습니다.

비극은 여기서 끝나지 않았습니다. 패전 소식을 들은 엘리 제사장은 의자에 앉아 있다가 뒤로 넘어져 목이 부러져서 죽고 말았습니다. 또한 비느하스의 아내는 시아버지와 남편이 죽었다는 소식을 듣고 갑자기 산통을 느껴 아이를 낳다가 목숨을 잃었습니다. 그녀는 죽어가면서 영광이 이스라엘에게서 떠났다고 탄식하며, 자신이 낳은 아이의 이름을 '이가봇'이라고 지었습니다.

그렇다면 무엇이 문제였던 것일까요? 많은 가능성을 떠올려볼 수 있겠지만, 우리가 지금까지 살폈던 제1계명과 관련해서 답을 찾아보고자 합니다. 이스라엘 백성의 결정적인 문제는 제1계명을 지키지 않은 데 있었습니다. 그러면서 그들은 하나님을 이용하고자 했습니다. 바로 지난 과거의 경험을 통해 축적된 언약궤에 대한 지식을 활용해서 문제를 해결하고자 했던 것입니다. 이것은 그들이 하나님을 인격적으로 믿고 신뢰하지 않으면서, 동시에 하나님을 우상처럼 대하고 있었음을 나타냅니다.

이와 같은 태도는 사무엘이 이스라엘에게 회개를 촉구한 사무엘상 7장에 이를 때까지 계속되었습니다. 언약궤를 다곤 신전에 두었다가 하나님으로부터 큰 재앙을 당한 블레셋은 크게 두려워하여 이스라엘에게 언약궤를 돌려보냈습니다. 성경은 언약궤가 다시 돌아와서 기럇여아림에 20년을 머무는 동안 이스라엘 온 족속이 여호와를 사모했다고 기록하고 있습니다(삼상 7:2). 그럼에도 불구하고 이스라엘은 하나님께 온전히 돌이키지 않았습니다. 사무엘이 이스라엘을 향해 전한 말씀을 살펴보면, 그들의 실상이 어떠했는지를 확인할 수 있습니다.

"만일 너희가 전심으로 여호와께 돌아오려거든 이방 신들과 아스다롯을 너희 중에서 제거하고 너희 마음을 여호와께로 향하여 그만을 섬기라"(삼상 7:3).

사무엘의 지적대로, 이스라엘은 여전히 여러 이방 신들과 아스다롯을 하나님과 겸하여 섬기고 있었습니다. 그들은 여호와를 사모한다고 고백했지만, 여전히 우상을 자신에게 남겨두었습니다. 이는 우리에게 사모함만으로는 제1계명을 지킨다고 말할 수 없음을 잘 보여줍니다. 제1계명은 하나님 외에 다른 신, 곧 하나님 곁에 다른 우상을 일체 두지 않고 오직 하나님만을 섬길 때 지킬 수 있다는 사실을 성경은 우리에게 분명하게 말하고 있습니다.

언약궤에 도움을 구한 이스라엘

우리는 앞서 살핀 우상의 본질에 해당하는 '생기 없음'이 여호와를 사모한다고 고백하면서도 이방 신들을 남겨둔 이스라엘에게서 드러나 있다는 것을 발견할 수 있습니다. 그들은 하나님과의 관계 속에서 가져야 하는 생기를 상실했습니다. 또한 하나님을 향한 총명도 상실해 자신이 처한 상황 속에서 무엇이 하나님의 뜻인지를 제대로 분별하지 못했습니다.

언약궤를 임의대로 사용해 전쟁에서 승리하겠다는 생각은 이와 같은 무지와 생기 없음, 자기중심적인 태도에서 비롯된 것이었습니다. 겉으로 보기에는 매우 신앙적인 태도 같지만, 실상은 우상을 섬기면서 닮게 된 우상의 본질을 따라 내린 결정이었습니다. 이처럼 이스라엘은 영적 분별력을 상실했을 뿐만 아니라 하나님과 그분의 말씀에 매우 둔감해져서 하나님을 마치 문제 해결사 정도로 취급했습니다.

하나님에 대해 생기가 없는 자들은 이방인이 우상을 섬기는 것처럼 하나님을 대합니다. 이스라엘은 비가 내리지 않아 농사를 짓기 힘들 때 바알과 아세라를 의지했던 것처럼, 상황이 어려워지자 언약궤를 통해 거둔 과거의 승리를 기억하며 언약궤만 있으면 무조건 승리하리라고 생각했습니다. 그들은 인격적이신 하나님을 무시한 채 그저 자신들이 하나님에 대해 가진 지식을 임의대로 활용해 이용하려고 했던 것입니다.

이스라엘이 의지하려 했던 언약궤는 본래 하나님의 임재를 상징했습니다. 즉 언약궤보다 더 중요한 것은 언약궤를 통해 말씀하시는 하나님입니다. 물론 하나님의 임재를 상징하는 언약궤조차도 하나님과 결부되어 있기 때문에, 하나님은 그것을 함부로 다루지 않도록 이스라엘에게 엄중히 경고하셨습니다. 그래서 이를 어기고 언약궤를 들여다본 벧세메스 사람 70명은 죽임을 당하기도 했습니다(삼상 6:19).

그러나 하나님이 벧세메스에 자신의 심판을 나타내신 이유는 언약궤를 통해 드러나는 하나님의 임재의 거룩함 때문이지, 하나님을 배제한 언약궤 자체 때문이 아닙니다. 따라서 이스라엘 백성이 언약궤보다 더 두려워하고 경외해야 할 대상은 언약궤를 통해 그들에게 임재하시는 거룩하신 하나님이었습니다. 만일 그 사실을 유념하지 않고 언약궤 자체에 어떤 능력이 있다고 생각한다면 그것은 언약궤를 알라딘의 요술 램프처럼 사용하는 것이고, 하나님을 우상처럼 대하는 태도입니다.

그런데 이스라엘 장로들은 실제로 언약궤를 그렇게 다룸으로써 하나님을 우상처럼 섬겼습니다. 그들은 "여호와의 언약궤를 실로에서 우리에게로 가져다가 우리 중에 있게 하여 그것으로 우리를 우리 원수들의 손에서 구원하게 하자"(삼상 4:3)라고 말하며, 자신들의 헛된 중심을 드러냈습니다. 그들은 살아 계신 하나님께 전인격적으로 나아가 도움을 구하지 않고 이처럼 언약궤라는 도구를 의지했습니다. 그들은 하나님에 관한 지식을 동원해 하나님의 역사를 기대했지만, 그들이 가진 동기의 중심에 자리 잡고 있는 존재는 성경이 말하는 하나님이 아니었습니다. 이것이 바로 하나님을 우상처럼 섬기는 행위입니다.

하나님을 우상처럼
섬기는 것은

이스라엘과 같이 하나님의 백성 공동체 안에 있으면서도 하나님을 우상처럼 섬기게 되면 시간이 지나면 지날수록 하나님과 우상을 분별하는 일이 어려워집니다. 성경의 기록과 지난 교회 역사가 이 사실을 증명하고 있습니다. 호세아서에는 하나님과 우상 사이의 구분이 사라져 이스라엘이 하나님을 우상처럼 섬기는 모습이 등장합니다.

앞서 이스라엘 백성도 그와 같았습니다. 그들은 언약궤를 그릇되게 사용하면서 하나님이 승리를 주실 것이라 기대했습니다. 그러나 그들이 찾고 구한 하나님은 성경이 말하는 하나님이 아니었습니다. 우리 또한 하나님을 잘못 구할 수 있다는 사실을 항상 유념해야 합니다. 비록 이스라엘 백성이 하나님을 찾았을지라도 마음에서 정작 중요한 것은 하나님이 아니라 좋은 결과였던 것처럼, 우리 또한 하나님이 아닌 다른 무엇을 기대할 수 있습니다.

제1계명을 지키는 일은 하나님을 이와 같은 방식으로 찾지 않는 것을 포함합니다. 임의대로 하나님을 섬기지 않는 것입니다. 우리는 하나님과의 인격적인 교통 속에서 그분의 말씀에 따라 하나님을 섬겨야 합니다. 이것이 제1계명부터 제4계명이 말하는 바입니다. 하나님은 말씀을 통해 우리가 그분을 어떻게 섬겨야 하는지를 정확하게 알려주셨습니다.

우리는 하나님이 누구이신지 바로 알아 하나님과의 인격적인 교제 안에 머물러야 합니다. 그것이 하나님의 뜻입니다. 그래서 여기서 이탈한 자들에게 하나님은 선지자들을 보내셔서 하나님을 정확히 알고, 그분께 인격적으로 반응하며, 그분이 제시하신 길을 따라 하나님을 섬길 것을 명령하셨습니다.

- **자기중심적으로 하나님을 이해함**

　우리도 성경에 계시된 대로 하나님을 바로 알고 하나님과 우상 사이를 선명하게 구분해야 합니다. 이를 위해서 하나님을 우상처럼 섬기는 것이 무엇인지를 정확하게 알아야 합니다. 사무엘상 4장의 장로들은 그 실체를 잘 나타내주고 있습니다.

　하나님을 우상처럼 섬기는 것은 첫째로, 성경에 계시된 하나님 대신 내가 기대하는 하나님을 정의하는 것입니다. 둘째로, 내가 바라고 목적하는 것을 이루어주시는 분으로 하나님을 생각하는 것입니다. 셋째로, 나의 체험에 근거해 하나님을 섬기는 것입니다. 이 3가지 형태의 신앙은 모두 하나님을 우상처럼 섬기는 것입니다.

　실제로 이스라엘은 3가지 형태의 모습을 그대로 노출했습니다. 하나님의 거룩한 임재를 상징하는 언약궤를 가져오면서도 자신들이 생각하고 기대하는 바가 있었습니다. 심지어 그들은 바알과 아스다롯을 섬기면서도 하나님께 동일한 태도를 적용했습니다. 그래서 그들은 하나님도 우상을 대하듯이 대했습니다. 이처럼 우상을 섬기는 사람들은 하나님과 우상을 구별 없이 섬기며 자신의 우둔함을 드러냅니다.

　이런 식의 신앙 태도는 우리 현실에도 엄연히 존재합니다. 특히 기복주의 신앙은 노골적으로 하나님을 우상처럼 여깁니다. 복을 받기 위해 하나님을 섬기는 것으로, 그 이면에 자신의 욕구와 소원을 최고의 기준으로 삼고 이를 위해 하나님을 이용하려는 정신이 숨어 있습니다.

　기복주의 신앙을 가진 사람들은 하나님이 자신들의 욕구를 충족시켜주실 때에만 그분을 최고로 모십니다. 그들은 자신의 아들을 잃고서도 하나님의 주권을 인정한 다윗이 누린 영적 세계를 전혀 알지 못합니다(삼하 12:16-23). 또한 다니엘의 세 친구들이 하나님만을 섬기다가 풀무불에 던져져야 했던 상황을 결코 이해하지 못합니다(단 3:8-18). 그런 하나님을 믿어야 한다는 것을 받아들이지 못합니다. 오히려 그들은 위기 앞에서 '내가 믿는 하나님이 이것밖에 안 되셨나?'라고 묻습니다. 그러나 그들은 다니엘의 세 친구들의 고백을 주목해야 합니다.

> "왕이여 우리가 섬기는 하나님이 계시다면 우리를 맹렬히 타는 풀무불 가운데에서 능히 건져내시겠고 왕의 손에서도 건져내시리이다 그렇게 하지 아니하실지라도 왕이여 우리가 왕의 신들을 섬기지도 아니하고 왕이 세우신 금 신상에게 절하지도 아니할 줄을 아옵소서"(단 3:17-18).

다니엘의 세 친구들은 자신들이 죽을지라도 하나님의 주권을 인정했습니다. 자신의 목숨과 하나님을 섬기는 것을 결코 바꾸지 않겠다고 고백했습니다.

하나님은 결코 '나'라는 존재에 의해 좌지우지되시지 않습니다. 만일 하나님이 그러하시다면 그 하나님은 결코 성경이 말하는 하나님이 아닙니다. 그런 하나님은 자신이 만들어낸 우상에 불과합니다.

그러나 오늘날의 교회 안에는 이와 같이 하나님을 우상처럼 섬기는 사람들이 매우 많습니다. 내 생각과 기대에 의해 규정된 하나님, 나의 목적과 원함이 투사된 하나님, 나의 체험에 근거해 규정된 하나님을 섬기는 사람들이 부지기수로 존재합니다. 그러나 이 모든 태도는 참되신 하나님을 섬기는 것이 아니라, 하나님을 우상처럼 대하는 것에 불과합니다.

• 하나님과 그분에 대한 지식의 기계적 활용

또한 하나님과 그분에 대한 지식을 기계적으로 사용하는 것도 하나님을 우상처럼 섬기는 일에 해당합니다. 이스라엘 장로들은 자신이 하나님에 대해 가진 지식을 기계적으로 사용해 언약궤를 다루려고 했습니다. 그들은 하나님을 인격적으로 신뢰하지 않았으며, 그분을 향해 어떠한 인격적인 간구도 하지 않았습니다. 그들이 원하는 것은 그저 전쟁에서의 승리뿐이었습니다. 승리를 위해 하나님의 이름을 부르며 그분을 우상처럼 섬겼던 것입니다.

혹시 삶 속에서 이스라엘 장로들과 같이 성경 지식을 자신의 원함에 따라 이용하려고 하지는 않습니까? 성경 지식을 활용하는 일은 항상 하나님과의 인격적인 교제 속에서 이루어져야 합니다. 자신의 원함에 초점을 맞추어 하나님에 대한 지식을 기계적으로 이용하려는 것은 매우 잘못된 태도입니다. 하나님을 신뢰하지 않고 그분을 인격적으로 대하지 않은 이스라엘 장로들의 모습과 동일한 것입니다.

제1계명을 온전히 지키는 사람은 먼저 주권자이신 하나님을 신뢰하는 가운데 눈앞의 현실에 성경의 지식들을 적용합니다. 자기 백성과 맺은 언약에 항상 신실하신 하나님, 자기 백성을 구원의 길로 끝까지 인도하시는 하나님을 믿고 그분만을 의지합니다. 이처럼 성경 지식은 하나님과의 인격적인 교제 가운데 활용될 때에만 그 지식을 가진 자들을 올바른 길로 인도합니다.

하지만 성경 지식이 해박해도 이를 기계적으로만 다루려는 사람들은 결국 큰 위험에 빠지게 됩니다. 하나님에 대한 인격적인 앎이 없이 성경의 내용만을 적용시키려고 하기 때문입니다. 우리는 모든 성경 말씀은 결코 하나님과 분리해서 생각할 수 없다는 사실을 기억해야 합니다. 하나님의 말씀은 그분과의 인격적인 교통과 교제 속에서 이해되고 수용되어야 합니다. 이러한 교제 없이 하나님에 대한 지식을 그저 도구 정도로 여기며 활용하려는 태도는 우상 숭배와 맞닿아 있다는 사실을 깨달아야 합니다.

- **하나님을 자기 방식대로 섬김**

마지막으로, 하나님을 성경 말씀이 아닌 자신이 규정한 방식대로 섬기는 것도 그분을 우상처럼 섬기는 일입니다. 이런 모습은 오늘날의 그리스도인들에게서 어렵지 않게 찾아볼 수 있습니다. 나름대로 하나님에 대한 지식을 가지고 있음에도 그 지식과 하나님의 말씀을 따르지 않는 것입니다.

이는 이스라엘 장로들의 태도에서도 나타납니다. 그들은 언약궤를 옮기는 일을 그다지 어렵고 중대한 일로 여기지 않았습니다. 언약궤를 자신들이 필요하면 언제든지 가지고 올 수 있는 물건으로 생각했기 때문입니다. 하지만 사무엘은 이와는 정반대의 모습을 보였습니다. 블레셋의 침공이라는 이스라엘의 위기는 변함이 없었지만, 그는 하나님을 경외함으로써 이스라엘이 처한 문제를 해결했습니다. 하나님과 그분의 말씀을 따르지 않고 자기 방식대로 하나님을 조종하려던 장로들과는 출발점부터 달랐던 것입니다.

이처럼 하나님을 안다고 하면서도 하나님을 자신이 원하는 방식대로 조종하려는 사람들의 중심에는 우상이 자리 잡고 있습니다. 그러면서 하나님마저도 자신이 생각하는 방법에 따라 움직이셔야 한다고 여깁니다. 이 또한 하나님을 입으로는 말하지만, 실상은 하나님이 아닌 우상을 섬기는 것과 같습니다. 선지자 사무엘은 진정으로 하나님을 섬기는 것이 무엇인지를 다음과 같이 말했습니다.

> "사무엘이 이스라엘 온 족속에게 말하여 이르되 만일 너희가 전심으로 여호와께 돌아오려거든 이방 신들과 아스다롯을 너희 중에서 제거하고 너희 마음을 여호와께로 향하여 그만을 섬기라"(삼상 7:3).

이것이 바로 성경이 반복해서 말하는 바입니다. 많은 사람이 여전히 우상을 남겨둔 채 살고 있으면서도 자신에게 하나님을 사모하는 모습이 있다는 것만으로(삼상 7:2), 혹은 하나님을 향해 신앙적 행위를 하고 있다는 점을 근거로 자신의 신앙에는 별 문제가 없으며, 더 나아가 하나님을 잘 섬기고 있다고 착각합니다. 여기에는 하나님의 말씀을 순복하지 않으면서 자기 임의대로 생각하고 판단하는 자기주도적인 신앙의 단면이 잘 드러나 있습니다.

하나님을 섬기는 방식은 그 사람이 하나님을 어떻게 생각하고 있는지를 분명하게 보여줍니다. 특히 이 시대의 수많은 그리스도인은 자기 편의대로 하나님을 섬기고자 합니다. 예배드리는 시간, 예배에 임하는 태도, 교회를 섬기는 방식에 이르기까지 모두 스스로 판단하고 결정하려고 합니다. 지금도 살아 계셔서 임재하시는 하나님을 인식하지 않고 자기가 하고픈 대로 신앙의 행위를 결정하고 말씀에 제멋대로 반응하고 있다면, 그는 지금 성령을 매우 슬프시게 하고 있는 것입니다. 혹은 아예 거듭나지 않았기 때문에 그와 같은 모습을 보이는 것일 수도 있습니다.

현재 교회에 만연하고 있는 신자들의 자기중심적 태도는 그저 하나의 문화적 현상 정도로 치부할 것이 아닙니다. 이는 우상 숭배의 문제와 직결되어 있습니다. 오직 하나님만을 사랑하고 섬기려는 신자라면 이러한 태도를 조장하는 오늘날의 문화의 실체가 무엇인지를 분명히 파악하고 경계해야 합니다.

성경은 우리의 죄를 적나라하게 지적해서라도 하나님을 올바로 섬길 것을 요구합니다. 성경은 결코 자기 방식대로 하나님을 섬기는 일에 침묵하지 않습니다. 이에 대해 분명히 우상 숭배라고 지적합니다. 우리는 이처럼 성경이 말하는 바에 따라 우리 안의 우상 숭배적인 태도를 반드시 고쳐야 합니다. 그리하여 내 방식이 아닌 하나님이 정하신 거룩한 방식을 따라 하나님을 섬겨야 합니다.

제1계명에 약속된 복

지금까지 살펴본 것처럼 하나님을 향한 사모함과 단편적 신앙의 행위만으로는 제1계명을 준수하고 있다는 결론에 이를 수 없습니다. 우리는 착각해서는 안 됩니다. 사무엘은 여호와 하나님을 사모하던 이스라엘 백성에게 도리어 우상을 제거하라고 명령했습니다. 사모함만으로는 참된 신앙을 소유할 수 없기 때문입니다.

이는 우리에게도 동일하게 적용되는 말씀입니다. 우리 또한 우상을 제거하고 마음을 오직 하나님 한 분께로만 향해야 합니다. 그렇게 하나님을 섬길 때 비로소 제1계명을 지키고 있다고 말할 수 있습니다. 그리고 하나님의 은혜와 복은 바로 그와 같이 하나님을 섬기는 자들에게만 주어집니다. 사무엘상 7장 후반부에 기록된 '에벤에셀'과 같은 하나님의 임재를 경험하게 되는 것입니다.

하나님을 우상처럼 섬기는 일을 크게 경계하십시오. 하나님의 이름을 부른다 해서 하나님을 잘 믿는 것이 아님을 아십시오. 하나님에 대한 많은 지식이 있다고 해서 하나님을 인격적인 관계 속에서 풍성하고 온전하게 알 수 있게 되는 것이 아님을 아십시오. 신자는 자신에게 남아 있는 우상들을 제거하고 오직 하나님만을 섬길 때 하나님을 올바르게 믿고 섬길 수 있습니다. 이것이 우리가 가야 하는 유일한 길입니다.

하나님 안에는 세상이 줄 수 없는 진정한 부요함이 있습니다. 우상을 제거하고 하나님만을 섬기는 자들에게만 허락되는 부요함이 있습니다. 이스라엘 백성도 자기 힘으로 블레셋과 싸우려고 할 때는 도리어 크게 패배해 엄청난 고통을 당했습니다. 그러나 그들이 하나님께 회개하고 돌아오자 하나님이 그들을 대신해서 친히 블레셋을 무너뜨리셨습니다. 이것이 바로 하나님의 임재 안에서 살아가는 방식입니다.

하나님 안에 있으면 하나님으로 말미암은 참된 만족과 자유를 누릴 수 있습니다. 하나님이 우리를 친히 이끌어 가시기 때문입니다. 제1계명은 하나님을 섬기려는 자에게 단순하게 주어진 명령이 결코 아닙니다. 하나님은 제1계명을 통해 우리 삶의 목적이, 곧 하나님과의 복된 교제의 삶을 누리는 것이 이루어지도록 하셨습니다.

이토록 놀랍고 부요한 약속이 제1계명을 통해 우리에게 주어졌습니다. 아직도 우상을 제거하는 일을 두려워하고 있습니까? 이 약속을 의지해 적극적으로 우상을 버리고 하나님께 나아오십시오. 그리하여 제1계명을 지킴으로써 누릴 수 있는 참된 기쁨과 만족을 하나님 안에서 온전하고 풍성히 누리십시오.

주

1) 하나님을 사랑한다는 것은 '예수 그리스도 안에서 사랑한다' 또는 '예수 그리스도를 사랑한다'는 말로도 표현할 수 있습니다. 성경에서 하나님이 언급될 때는 그분을 나타내신 독생자 예수 그리스도와 분리해서 생각할 수 없기 때문입니다. 우리는 이 사실을 염두에 두고 하나님을 사랑하는 것이 무엇인지를 이해해야 합니다.
2) 엘리제 피츠패트릭, 『내 마음의 우상』(미션월드, 2009), p. 22.
3) 피트 윌슨, 『하나님인가, 세상인가』(아드폰테스, 2013), p. 24.
4) 같은 책.
5) 마이클 G. 모리아티, 『퍼펙트 10』(아가페, 1999), p. 42.
6) 그레고리 비일, 『예배자인가, 우상 숭배자인가?』(새물결플러스, 2014), p. 25.
7) 카일 아이들먼, 『거짓 신들의 전쟁』(규장, 2013), p. 30.
8) 이 장에서 다루는 우상의 본질적 속성에 대한 내용은 크리스토퍼 라이트, 『하나님의 선교』(IVP, 2010), pp. 169-236에서 통찰을 얻었습니다.
9) 폴 트립, 『돈과 섹스』(아바서원, 2014), p. 46.
10) 카일 아이들먼, 앞의 책, pp. 226-228.
11) 폴 트립, 앞의 책.
12) 강영안, 『강영안 교수의 십계명 강의』(IVP, 2009), p. 78에서 재인용.

13) 팀 클린턴, 『관계의 하나님』(두란노, 2011), p. 148.

14) 카일 아이들먼, 앞의 책, p. 162.

15) 같은 책, p. 174.

16) 크리스토퍼 라이트, 『하나님의 선교』, p. 204.

17) 찰스 콜슨 외, 『능력종교』(엠마오, 1996), p. 341. 이 장에서 인간의 본성적인 내적 욕망이 우상적 형태로 나타나는 것에 대해 에드워드 웰치의 내적 욕망 설명은 자신을 우상으로 삼는 인간을 설명하는 데 유용해 성경적인 이해의 범주 안에서 그의 포인트를 활용했습니다.

18) 데이비드 웰스, 『윤리실종』(부흥과개혁사, 2007), pp. 315-316.

19) 그레고리 비일, 앞의 책, p. 44.

20) 같은 책, p. 447.

21) 같은 책, p. 448.

22) 같은 책.

23) 폴 트립, 앞의 책, p. 45.

24) 아서 베넷, 『영혼을 일깨우는 기도』(생명의말씀사, 2001), p. 34. 이 책에서는 엘리제 피츠 패트릭의 『내 마음의 우상』, p. 191에 번역된 문장을 사용했습니다.

사명선언문

너희가 흠이 없고 순전하여……세상에서 그들 가운데 빛들로
나타내며 생명의 말씀을 밝혀 _ 빌 2:15-16

1. 생명을 담겠습니다
만드는 책에 주님 주신 생명을 담겠습니다.
그 책으로 복음을 선포하겠습니다.

2. 말씀을 밝히겠습니다
생명의 근본은 말씀입니다.
말씀을 밝혀 성도와 교회의 성장을 돕겠습니다.

3. 빛이 되겠습니다
시대와 영혼의 어두움을 밝혀 주님 앞으로 이끄는
빛이 되는 책을 만들겠습니다.

4. 순전히 행하겠습니다
책을 만들고 전하는 일과 경영하는 일에 부끄러움이 없는
정직함으로 행하겠습니다.

5. 끝까지 전파하겠습니다
모든 사람에게, 땅 끝까지, 주님 오시는 그날까지
복음을 전하는 사명을 다하겠습니다.

서점 안내

광화문점 　 서울시 종로구 새문안로 69 구세군회관 1층
　　　　　　　02)737-2288 / 02)737-4623(F)

강남점 　　 서울시 서초구 신반포로 177 반포쇼핑타운 3동 2층
　　　　　　　02)595-1211 / 02)595-3549(F)

구로점 　　 서울시 동작구 시흥대로 602, 3층 302호
　　　　　　　02)858-8744 / 02)838-0653(F)

노원점 　　 서울시 노원구 동일로 1366 삼봉빌딩 지하 1층
　　　　　　　02)938-7979 / 02)3391-6169(F)

분당점 　　 경기도 성남시 분당구 황새울로 315 대현빌딩 3층
　　　　　　　031)707-5566 / 031)707-4999(F)

일산점 　　 경기도 고양시 일산서구 중앙로 1391 레이크타운 지하 1층
　　　　　　　031)916-8787 / 031)916-8788(F)

의정부점 　 경기도 의정부시 청사로47번길 12 성산타워 3층
　　　　　　　031)845-0600 / 031)852-6930(F)

인터넷서점 　www.lifebook.co.kr